KB253465

비스마르크

독일제국을 탄생시킨 현실정치가

차례
Contents

들어가며

1990년 10월 3일 독일이 재통일된 이후부터 비스마르크에 대한 독일인들의 관심은 크게 증대되었는데 그것은 그가 독일 통일을 최초로 구현시켰다는 사실에서 비롯된 것 같다. 여기서 비스마르크에 대한 재평가, 특히 부정적 측면보다는 긍정적 측면에서의 재평가가 모색되었고 그러한 시도에 대한 사회적 분위기 역시 매우 호의적이었다. 더욱이 비스마르크에 대한 연구가 활발히 전개되는 과정에서 현실정치가(realpoltiker)로서의 그의 정치적 행보 및 업적을 취급한 다수의 저서와 논문이 출간되는 학문적 성과도 거두었다.

주지하듯이, 비스마르크는 수백 년간 지속된 독일권의 지역주의를 타파하고 1871년 1월 18일 강력한 민족국가로서의 독일제국을 탄생시키는 데 주도적인 역할을 담당했다. 비스마르크는 1860년대 초반부터 구체화되기 시작한 독일권의 통합과정에서 적지 않은 장애 요인들과 직면하게 되었는데 그럴 때마다 그는 자신의 정치적 역량을 발휘하여 그러한 것들을 효율적으로 제거했다.

또한 비스마르크는 자신의 정책 실현과 관련하여 여론의 공감대를 얻고자 노력하지 않았을 뿐만 아니라 그것에 대해 부정적이었던 세력에 대해서도 배려하는 자세를 보이지 않았다. 오로지 그는 주어진 사건들을 냉철히 분석하고 그로부터 도출된 판단에 따라 실행했는데, 그것이 바로 그가 펼친 현실정치(realpolitik)의 핵심적 내용이라 하겠다. 현실정치가로서의 이러한 자세는, 그가 정치 활동을 본격적으로 펼치기 시작한 1848년부터 세상을 떠날 때까지 견지되었던 것으로, 그의 정책에 대한 불만 세력의 결집 및 활동의 원인이 되기도 했다.

본서에서는 우선 비스마르크의 청년기 활동을 개괄적으로 거론하고자 한다. 이어 그가 정치 활동에 본격적으로 참여하기 시작한 3월혁명(1848) 이후부터 은퇴할 때까지를 구체적으로 다루고자 한다. 이를 위해 본서는 비스마르크의 정치 활동기를 3월혁명 전후의 시기, 프로이센 수상으로 취임한 이후의 시기, 독일제국 등장 이후의 시기, 그리고 실각 및 은퇴 시기로 나누었다.

청년기의 활동

유년기의 생활

오토 폰 비스마르크(Otto von Bismarck)는, 엘바(Elba) 섬을 탈출한 나폴레옹(Napoleon)이 파리에서 정권을 다시 장악했던 1815년 4월 1일 쇤하우젠(Schönhausen)에서 페르디난트 폰 비스마르크(Ferdinand von Bismarck)의 네 번째 아들로 태어났다.[1] 사실 비스마르크 가는, 알트마르크(Altmark)의 오래된 가문 중의 하나였다고는 하지만, 비스마르크가 등장하기 이전에는 평범한 가문에 불과했다.[2] 따라서 1806년 16세의 빌헬미네 멘켄(Wilhelmine Mencken)과 결혼한 비스마르크의 아버지, 페르디난트 역시 전형적인 토지귀족(junker)의 범주에서 벗어나지 못했다.3) 그에 반해 비스마르크의 어머니였던 빌헬미네 멘켄은 자녀 교육에 필요한 지적 조건들을 충분히 갖추고 있었다.4)

비스마르크가 태어난 다음 해인 1816년 페르디난트 비스마르크는 가족을 데리고 포메른(Pommern)의 크니프호프(Kniephof)로 이주했는데, 그것은 그가 자신의 조카로부터 10제곱킬로미터에 달하는 큐르츠(Külz)와 야르헬린(Jarchelin)의 광대한 영지를 상속받았기 때문이었다. 신앙심이 깊었던 그는 지방 교회의 재정적 상황이 매우 어렵다는 것을 직시한 후 적지 않은 토지를 교회에 기증하기도 했다. 교회에 대한 부친의 이러한 배려는 훗날 비스마르크의 교회 정책에도 적지 않은 영향을 끼쳤다. 비스마르크가 어린 시절을 보낸 포메른은 프로이센의 다른 지방들보다 농업 의존도가 매우 높았던 지방이었는데 그것은 이 지방의 경제적 낙후성을 예측하게 한다. 그렇지만 포메른은 자연 호수, 낮은 언덕, 그리고 소규모의 숲으로 구성된 아름다운 풍광을 갖추고 있었다. 이러한 자연적 환경은 어린 비스마르크의 정서 함양에도 기여했다.

베를린에서의 학창 생활

어머니 빌헬미네로부터 가정교육을 받던 비스마르크는 친형인 베른하르트(Bernhardt)와 같이 1822년 초 베를린(Berlin)의 플라만(Plamann) 초등학교에 입학했다.5) 이 당시 플라만은 페스탈로치(Pestalozzi)식 교육 방법6)을 철저히 추종했기 때문에 건강한 체력과 정신 교육을 동시에 지향한 학교로도 명성이 매우 높았다.[7] 그러나 비스마르크는 플라만 초등학교의 이러한 운영 방식에 대해 매우 부정적이었는데 그것은 그가 이 학교를 교도소(zuchthaus)로 지칭한 데서 확인할 수 있다. 이어 그는 1827년부터 1832년까지 프리드리히 빌헬름 인문계 고등학교(Friedrich Wilhelm Gymnasium)와 그라우 수도원 부설 인문계 고등학교(das Gymnasium zum Grauen Kloster)를 다녔다.[8] 이 기간 중 비스마르크는 역사를 제외한 모든 학과에서 뛰어난 능력을 발휘했는데 그중 언어와 지리, 통계학에서는 다른 학생들의 추종을 불허했다. 특히 언어 능력이 탁월했던 그는 그리스어와 라틴어로 의사소통 및 서신 교환이 가능할 정도였다. 또한 그는 모국어와 별 차이를 느낄 수 없을 정도로 영어와 프랑스어 역시 유창하게 구사했고 러시아어와 이탈리아어, 스페인어로도 자유로운 의사소통이 가능했다.[9] 그러나 비스마르크는 교사들과 동급생들 사이에서 별로 눈에 띄지 않는 조용한 학생이었다. 1832년 4월 비스마르크는 비교적 우수한 성적으로 대학 입학 자격시험(abitur)에 합격했다. 합격 증서에는 비스마르크가 자격시험에서 받은 성적뿐만 아니라 재학 시절에 관찰된 그의 성격에 대해서도 비교적 자세히 기록되어 있다. 그런데 이 합격 증서에 따르면, 비스마르크는 탁월한 재능을 갖추었음에도 불구하고 종종 자신의 학문적 노력을 등한시하는 단점 때문에 평균적인 학생 수준에서 크게 벗어나지 못했다고 한다.[10]

괴팅겐 대학에 입학

　1832년 5월 10일 17살의 비스마르크는, 사관학교에 진학하기를 바라던 아버지의 기대를 저버리고 법학을 공부하기 위해 당시 하노버 왕국(Königreich Hannover)에서 학문적 명성을 떨치고 있던 괴팅겐(Göttingen) 대학에 입학했다.[11] 그런데 그는 입학한지 얼마 안 된 7월 6일 하노베라(Hanovera)라는 향우회(landmannschaft)에 가입했고, 이후부터 그는 대학의 학문적 명성을 제대로 활용하지 않고 대학 생활의 즐거움만 추구했다.[12] 여기서 그는 자신이 매우 개방적이라는 판단을 했고 그것은 그로 하여금 방탕한 생활로까지 나아가게 했다. 실제로 비스마르크는 재학 중 교칙으로 금지된 결투(mensur)를 25번 이상이나 벌임으로써 대학 지하 감옥(karzeraufenthal)에 수차례 구금되기도 했다. 또한 그는 강의에 참석하기보다는 술집에서 시간을 보내는 경우가 많았다. 비스마르크로 하여금 많은 빚을 지게 했던 이러한 생활은 결국 괴팅겐 대학에서 그의 학업을 중단케 하는 요인이 되기도 했다. 그럼에도 불구하고 비스마르크는 이 대학에서 역사학자 겸 정치학자였던 헤렌(Heeren)교수의 강의를 수강하면

크니프호프에서의 비스마르크(1834).

서 유럽의 국가 체제에 대한 자신의 관점을 체계적으로 정립시킬 수 있었다. 이후 비스마르크는 베를린의 훔볼트(Humboldt) 대학에서 학업을 지속했는데 괴팅겐 대학에서와 달리 이곳에서는 비교적 학교생활에 충실하고자 노력했다.

아헨에서의 첫 사랑

1835년 5월 대학을 졸업한 비스마르크는 법관시보(auskul-tayor)를 위한 시험에 합격했다. 이후 비스마르크는 1835년부터 1836년까지 베를린과 아헨(Aachen)에서 실무를 익혔다. 특히 아헨에서 그는 국제적 사교 활동의 역동성을 체험하기도 했다. 이 시기에 그는 클리블랜드(Cleveland) 공작의 조카딸인 러셀(Russel)을 만나게 되었고 얼마 되지 않아 그들은 사랑에 빠지게 되었다. 첫사랑에 빠진 이후 비스마르크는 관료로서의 의무를 종종 등한시하기도 했는데, 1837년 7월 초에는 소속 부서의 허가도 받지 않고 그녀 및 그녀의 가족들과 더불어 장기간 여행을 가기도 했다. 그러나 러셀에 대한 비스마르크의 연정은 그녀가 1838년 3월에 결혼함으로써 갑자기 중단되었다. 비스마르크의 첫 번째 사랑은 이렇게 일방적으로 끝나 버렸다.

아헨에서의 우여곡절 이후 자신의 장래에 대해 심각하게 고민했던 비스마르크는 외교관이 되는 것을 최종 목표로 설정했다. 따라서 그는 젊은 귀족이 가질 수 있는 또 다른 직업이었던 장교에 대해서는 별 관심을 두지 않았다. 그런데 당시 프로이센에는 고등교육을 받은 사람 모두가 반드시 1년간 장교로 복무해야 한다는 강제 규정이 있었다. 그것은 비스마르크의 행동반경을 위축시키는 요인으로 작용했다. 따라서 비스마르크는 자신이 군 복무를 하기에 충분한 체력을 갖추지 못했음을 부각시켜 그러한 강제 규정으로부터 벗어나고자 했다. 하지만 베를린 정부는 비스마르크의 이러한 탄원을 받아들이지 않았고, 결국 1838년부터 그는 포츠담(Potsdam)과 그라이프스발트(Greifswald)에서 군 복무를 하게 되었다.

농장주로서의 지루한 생활

비스마르크의 타의적 군 복무는 1839년 오순절(pfingst)에 끝났다. 그러나 그는 법정 생활에서의 관료주의적인 관행 및 그것에 따른 규칙적 업무 생활에 대해 싫증을 느꼈기 때문에 더 이상 국가 관료로 활동하는 것을 포기했다. 이러한 그의 자세는 당시 귀족 사회에 널리 확산되어 있었던 관료주의 체제에 대한 반발에서 비롯된 것 같다. 이후 몇 년간 비스마르크의 삶은 아버지로부터 상속받은 큐르츠에서 농장 경영주로 살아가는 것이었다. 아울러 이 시기에 그는 역사·철학서를 비롯한 위대한 문인들의 작품에 대한 다양한 독서를 통해 자신의 이론을 보다 체계화시키는 데도 노력했다.13) 특히 그는 셰익스피어(Shakespeare)와 바이런(Byron)의 작품들을 즐겨 읽었지만 괴테(Goethe)로부터는 아무런 공감도 얻지 못했다. 또한 그는 급진적 성향의 슈트라우스(Strauss)와 포이어바흐(Feuerbach) 등의 저서들도 읽었다. 이 당시 그는 자신의 노골적인 이신론, 즉 '신의 존재를 인정하나 그 섭리 및 예배는 인정하지 않는다'는 것을 피력하곤 했다.

1842년 비스마르크는 영국, 프랑스, 스위스 등지를 여행하기도 했다. 하지만 이러한 여행 및 독서에도 불구하고 비스마르크는 시골 생활이 자신의 내면적 욕구를 충족시켜 줄 수 없음을 점차 깨닫게 되었고 이는 그로 하여금 농장 경영주의 전원적 행복에 대해 환멸을 느끼게 했다.14) 따라서 그는 1844년 4월 7일 포츠담의 정부 관청에서 법률 관료(Regierungsreferendar)로서 활동을 재개했지만 고루한(krähwinklig) 직속상관과의 의견 충돌로 인해 그의 법률 관료로서의 활동 재개 기간은 단 14일에 불과했다.

마리 폰 타덴과의 만남

국가에 대한 복무를 다시 시작하기 이전인 1843년부터 비스마르크는 경건주의(pietismus) 교우회와 빈번한 접촉을 하기도 했는데, 특히 요하나 폰 푸트카머(Johanna von Puttkamer)와의 교류를 통해서는 내면적 전환기를 맞이하기도 했다. 이 당시 학창 시절 친구였던 브란켄부르크(Moritz v. Blankenburg)의 부인이며, 요하나와 가깝게 지냈던 마리 폰 타덴(Marie von Thadden: 결혼 후에는 마리 폰 브란켄부르크(Marie von Blanckenburg))은 이교도적인 비스마르크를 순화시키고자 했다. 이후 기독교의 경건주의파에 귀의한 비스마르크의 신은 보다 멀리 있었고 엄격한 구약 성서적인 성격도 드러냈다. 따라서 그의 관점에, 구세주의 완전한 법은 정치 활동과 무관하며, 정치가는 현실정치의 중요한 요소 중 하나라 할 수 있는 무력행사를 주저해서도 안 되는 것이었다. 더욱이 마리 폰 타텐은 비스마르크를 자신의 친구 요하나와 결합시키는 데 기여한 인물로, 1844년 10월 4일 브란켄부르크와의 결혼 피로연에서 그녀는 요하나를 비스마르크에게 소개했던 것이다. 마리 폰 타텐이 죽은 후인 1846년 12월 21일 비스마르크는 폰 푸트카머에게 서신을 보내 그의 딸인 요하나와 결혼하겠다는 의사를 밝혔다.[15] 다음 해 7월 28일 비스마르크는 23세의 요하나와 결혼했다. 그는 자신의 동생에게 그녀를 '귀족적 성향을 가졌지만 편안한 평생의 반려자가 될 수 있는 여자'로 소개했다.

공직 생활의 재개

결혼식 몇 주 전부터 비스마르크는 다시 공직 활동을 펼치기 시작했는데, 그 무렵인 1847년 5월 프로이센의 프리드리히 빌헬름 4세(Friedrich Wilhelm IV)는, 철도 건설에 필요한 재원으로서 공채를 발행하기 위해 프로이센 통합지방의회(Der Vereinigte Landtag)를 개원한다는 칙령을 발표했고 그에 따른 선거가 각 지방에서 실시되었다. 당시 비스마르크는 토지귀족들로부터 충분한 신임을 받지 못했기 때문에 통합지방의회의 의원으로 선출되지는 못했다. 그러나 그는 통합지방의회 의원들 중 어느 한 사람이 지병으로 활동을 하지 못할 경우 그를 대신해 보궐 의원으로 활동할 수 있는 권한을 부여받았다. 실제로 브라우히트쉬(Brauchitsch)라는 의원이 지병으로 의원 활동을 포기함에 따라 그는 1847년 5월 8일 통합지방의회의 의원으로 선출되었다. 독일 역사상 최초의 실제적 대의회였던 통합지방의회는 온건적 성향의 자유주의자들이 주도했다. 그러므로 왕권 및 귀족 계층의 이익을 대변했던 우익 세력은 상대적으로 소수에 불과했다. 의회에 진출한 비스마르크는 보수적 성향을 보였는데 그의 그러한 성향은 5월 17일 통합지방의회에서 행한 연설에서 확인된다. 여기서 그는 일부 의원들이 제기한 헌법 제정의 필요성을 반박했고 그것은 지방의회 의원들의 강한 반발을 야기했다.16) 하지만 비스마르크는 이러한 비판적 시각에 대해 전혀 개의치 않았다. 뿐만 아니라 그는 국왕 및 귀족 계층의 권한 증대를 향후 자신이 펼쳐야 할 주된 과제로 인식하는 민첩성도 발휘했다.17)

그러나 비스마르크가 참여한 통합지방의회는, 철도 건설을 위한 공채 발행에 동의하지 않음으로써 예상보다 일찍 활동을 중단했다. 아마도 이러한 결정은 통합지방의회 의원들이 철도 건설을 위한 공채 발행에 동의할 법적 권리가 자신들에게 있지 않다는 판단에서 비롯된 것 같다.

3월혁명 전후의 활동

독일권의 분열 상태 및 극복 방안

오토(Otto) 대제 이후 약 천 년 동안 국가의 명맥을 유지해 오던 신성로마제국은 1806년 10월 14일 예나-아우어슈테트(Jena-Auerstedt) 전투에서 나폴레옹 군에게 패배함으로써 해체되었다. 이후 제국의 영토는 나폴레옹의 보호국이 된 라인연방(Rheinbundstaaten), 호엔촐레른(Hohenzollern) 가의 프로이센, 그리고 합스부르크(Habsburg) 가의 오스트리아로 분할되었다. 더욱이 1815년 빈 회의의 결정에 따라 등장한 독일 연방은, 독일 민족의 염원과는 달리 35개의 대소 국가와 4개의 자유시(Freistadt)로 구성된 엉성한 정치 체제였다. 독일의 지식인 계층

과 대학생들은 이러한 체제에 대해 불만을 표시하는 데 주저
하지 않았다. 특히 대학생들은 1815년 6월부터 대학생조합
(burschenschaft)을 결성하여 통일 운동에 적극적으로 참여했다.
하지만 그러한 시도는 1819년 8월에 발표된 카를스바트
(Karlsbad) 칙령으로 중단되었다.[18] 그런데 독일 대학생들의 통
일 운동이 이렇게 탄압을 받는 동안 독일 경제인들 사이에서
통일을 위한 심상치 않은 움직임이 감지되기 시작했다. 국내
의 정치적 분열 상태에도 불구하고 라인연방에서 시작된 독일
의 산업 발전은 국내의 상공 시민들을 고무시켰고 그것은 자
본주의적 산업 발전을 지속시키는 데 필요한 통합 시장의 형
성 요구로 이어졌다. 때문에 당시 독일의 경제인들은 국내의
대소 국가 및 도시 간의 관세 장벽을 철폐하여 정치적 통일에
앞서 경제적 통일이 먼저 이루어져야 한다는 주장하에 그러한
것을 현실화시키기 위한 노력을 기울이기도 했다. 그에 따라
프로이센의 경제인들은 1819년 북부 독일의 여러 국가들과
관세동맹(zollverein)을 체결했다. 그리고 오스트리아를 제외한
전 독일국가가 참여한 관세동맹이 1844년에 결성됨으로써 정
치적 통일에 앞서 경제적 통일이 이룩될 수 있었다.

베를린에서의 혁명적 소요

　1848년 3월 13일, 프로이센의 수도인 베를린에서도 프랑스
2월혁명[19]의 영향을 받아 혁명적 소요 사태가 발생했다. 3월

18일 국왕 프리드리히 빌헬름 4세는 엄습하는 혁명적 위협에 대한 두려움 속에서 자발적으로 자유주의적 제 권한을 보장하는 헌법 제정을 승인했다.[20] 아울러 그는 프로이센이 독일을 연방 국가로 개편하는 과정에서 주도적 역할을 담당할 것임을 공언하기도 했다. 또한 그는 베를린에 주둔 중인 군대를 포츠담으로 철수시키겠다는 약속도 했다. 이후 프리드리히 빌헬름 4세는 프로이센이 오스트리아와는 달리 혁명적 상황으로부터 벗어날 수 있다는 확신을 가지게 되었으나 민중에 대한 군의 우발적인 발포는 상황을 급반전시켜 수공업자들과 공장 노동자들이 도시의 여러 곳에 바리케이드를 설치했고 격렬한 시가전도 펼쳐졌다. 또한 그들은 국왕에게 시가전에서 희생된 사람들에 대한 경의 표시를 요구했다. 사태의 심각성을 인식한 국왕은 그러한 요구를 수렴했을 뿐만 아니라 그 자신이 독일 제후, 민족과 함께 독일 통합에 매진할 것도 약속했다. 4월 초 자유주의자들이 대거 참여한 신내각이 베를린에서 구성되었고 통합지방의회 소집을 위한 작업도 병행되었다.[21]

혁명적 소요에 대한 비스마르크의 대응 방안

베를린에서 전개된 이러한 상황에 대해 크게 우려를 표명했던 비스마르크는, 혁명 세력을 붕괴시키기 위해 자신의 충실한 소작농들을 무장시켜 베를린으로 진격하려고 했다. 그러나 그는 자신의 구상이 비현실적이라는 것을 파악한 후 포츠

담에 가서 군부의 핵심 인사들인 묄렌도르프(Mölendorff), 프리
트비츠(Prittwitz)와 심도 있는 대화를 나누었다. 이 자리에서 비
스마르크는 특히 묄렌도르프에게 "만일 귀하께서 국왕의 명령
없이 혁명 세력을 타파할 경우 귀하께 어떤 일이 발생한다고
생각하십니까? 본인이 생각하기로는 프로이센이 귀하께 진심
으로 감사를 드릴 것이며 프리드리히 빌헬름 4세께서도 귀하
의 솔선적 행동에 대해 당위성을 부여하실 것입니다"라고 했
다. 즉, 그는 혁명 세력을 타파할 반혁명적 소요의 당위성을
역설했던 것이다. 그러나 묄렌도르프는 국왕의 명령 없이는
어떠한 군사적 행동도 펼칠 수 없음을 분명히 밝혔다. 결국 비
스마르크 자신이 생각하는 바를 실현하기 위해서는 프리드리
히 빌헬름 4세와의 독대가 필요했다. 이후 국왕을 알현하기
위한 노력을 펼친 결과 그는 국왕과 몇 분간의 독대 기회를
가질 수 있었다. 여기서 비스마르크는 병력을 동원하여 혁명
적 소요를 분쇄시켜야 한다는 입장을 분명히 밝혔지만 국왕은
그것에 대한 수용을 거부했다. 특히 프리드리히 빌헬름 4세는
자신이 프로이센의 상황을 정확히 파악하고 있음을 언급했는
데 그것은 비스마르크로 하여금 다른 방법을 강구하게 했다.
즉, 이 당시 프리드리히 빌헬름 4세의 막내 동생이었던 카를
(Karl) 왕자 역시 무력적인 방법을 통해 혁명 세력을 진압해야
한다는 생각을 가지고 있었다.[22] 그러나 그는 자신의 형이 위
정자로 있는 한 그러한 방식이 수용될 수 없음을 인지하고 있
었기 때문에 자신과 같은 생각을 갖고 있던 비스마르크와 빈

번한 접촉을 시도했다. 여기서 그는 비스마르크로 하여금 빌헬름(Wilhelm) 왕자의 부인이었던 아우구스타(Augusta)23)를 통해 자신들의 계획을 구체화시킬 수 있다는 확신을 가지게 되었는데, 당시 프리드리히 빌헬름 4세의 후계자였던 빌헬름 왕자는 혁명 세력에 대한 자신의 부정적 입장 표명으로 인해 런던에 머무르고 있었다. 3월 23일 아우구스타와 독대한 비스마르크는, 프리드리히 빌헬름 4세를 권좌에서 축출하고 빌헬름 왕자의 아들인 프리드리히 빌헬름(Friedrich Wilhelm)을 국왕으로 즉위시켜 혁명적 소요를 진압해야 한다는 입장을 밝혔다.24) 그러나 아우구스타는 비스마르크의 제안이 카를 왕자와의 접촉에서 비롯된 것이라는 사실을 즉시 파악했다. 따라서 그녀는 비스마르크의 제안을 수용할 수 없다는 입장을 분명히 밝혔다. 아울러 그녀는 비스마르크가 예의에 어긋날 뿐만 아니라 혐오스러운 음모에 적극 참여했다는 사실에 분노를 느끼기까지 했다.25)

결국 비스마르크는 자신의 계획을 포기하고 쇤하우젠으로 돌아왔다. 이후부터 비스마르크는 혁명의 진행 과정을 방관자적 입장에서 지켜보아야만 했는데 그 이유는 그가 프랑크푸르트 국민의회 및 프로이센 지방의회의 의원으로 선출되지 못했기 때문이다.26) 그럼에도 불구하고 그는 간헐적으로 자신의 정치적 입장을 밝히는 데 주저하지 않았을 뿐만 아니라 그것을 실현시키는 데 적극적으로 참여했다. 비스마르크는 1848년 8월 18일부터 개최된 지주의회(junkerparlament)에 참석하여 자신의 보수적 관점을 다시금 피력했는데 그러한 것은 그가 지주의회에서 무력으로 반혁명 세력을 타파해야 한다는 입장을 표명한 데서 확인할 수 있다. 아울러 그는 라인 지방의 주 장관(oberpräsident)이었던 클라이스트-레초프(Kleist-Rezow) 주도로 간행되기 시작한 「십자신문(Kreuzzeitung)」의 핵심적 인물로 활동했을 뿐만 아니라 게를라흐(Gerlach) 형제가 창당한 보수당에도 적극적으로 참여했다.[27]

프랑크푸르트 국민의회의 소집

혁명 초기 프리드리히 빌헬름 4세가 바리케이드 전사들 앞에서 독일 통일에 앞장서겠다는 약속을 했음에도 불구하고 프로이센 또는 오스트리아의 주도로 독일이 통합되기는 어려워 보였다. 때문에 남부 독일의 지식인들은 하이델베르크(Heidelberg)에 모여 독일 국민의회(Nationalversammlung)의 소집 필요성을 부각시켰고 그에 따라 3월 31일 프랑크푸르트(Frankfurt)에서 국민의회 소집을 위한 예비의회(vorparlament)가 개최되었다. 그러나 활동 직후부터 온건파와 급진파의 갈등이 표면화되었고 그것을 극복할 방법 역시 제시되지 못했다. 의회 내에서 자신들의 목적을 관철시킬 수 없다고 판단한 급진파는 슈트루베(Struve)와 히커(Hecker)의 주도로 슈바르츠발트(Schwarzwald)에서 폭동을 일으켰는데, 세습 왕정 및 상비군 폐지와 민주적 연방 체제의 도입 등이 그들의 주장이었다. 그러나 급진파의 폭동은 연방군에 의해 진압되었고 온건파의 예비의회는 국민의회의 소집을 결정했다.

1848년 5월 18일 프랑크푸르트의 성 파울 교회(St. Paul-kirche)에서 국민의회가 개최되었다. 국민의회의 최대 과제는 독일 연방을 하나의 통합 국가로 변형시키는 것이었다. 그러나 역사적으로 형성된 개별 영방 국가들을 그대로 둔 채 강력한 중앙 권력을 창출한다는 것은 쉬운 일이 아니었고 통합 방안에 대한 의원들의 의견 역시 일치되지 않았다. 당시 국민의회 의원들 대다수는 법률적 지식을 갖춘 재판관, 검사, 행정 관료 출신이었다. 그들 외에도 대학교수, 저술가, 자영농, 상인들이 국민의회에 진출했지만 그 수는 위에서 언급한 계층보다 훨씬 적었다.

한편, 국민의회는 헤센(Hessen)의 대신이었던 가게른(H. v. Gagern)을 의장으로 선출했고 7월에는 오스트리아를 배려하여 합스부르크 가문 출신의 요한(Johann) 대공을 제국 섭정(Rei-chverweser), 즉 제국의 임시 행정 대표로 선출했다. 그리고 프로이센의 라이닌겐(Leiningen) 대공이 제국 내각의 실권자로 등장했다. 이로써 연방의회의 권한이 국민의회에 위임되었지만 제국의 대표와 행정부는 효율적인 행정 기구, 자체 군사력, 그리고 재원을 갖추지 못했기 때문에 사실상 어떠한 권한도 행사하지 못했다.

국민의회의 이러한 무력함은 슐레스비히-홀슈타인(Schleswig-Holstein) 문제에서 명백히 드러났다. 두 공국은 오랫동안 덴마크 국왕의 지배하에 있었으며 그중 홀슈타인은 독일 연방의 일원이었다.28) 그런데 혁명을 계기로 이 지방의 독일계 주민이 덴마크의 지배에 이의를 제기하는 과정에서 무력 충돌이 발생했다. 국민의회의 요청으로 파견된 프로이센군이 사태를 진압했으나, 러시아, 영국, 프랑스의 압력으로 프로이센은 덴마크와 휴전 조약을 체결했고 국민의회는 이 조약을 추후 비준했다. 이로써 두 공국의 독일계 주민은 국민의회로부터 배반당한 상황에 놓이게 되었고 대다수 독일인 역시 국민의회의 그러한 결정에 불만을 표시했다.

이렇게 슐레스비히-홀슈타인 문제로 위상이 격하된 국민의회는 헌법의 기본 구조 심의에 들어갔다. 아울러 향후 법치국가 운영에 필요한 국민의 기본권 제정에도 착수했다. 개인의 기본권은 이미 이전부터 각 영방 헌법에서 보장된 시민적 제 권리를 집약하고 봉건적 제 구속을 폐기한 토대에서 비롯되었다. 여기서는 개인의 자유, 법적인 평등, 영업·경제 활동의 자유, 이동의 자유, 영주의 자의적 체포나 권력 남용 금지, 출판·신앙·사상의 자유, 집회·결사의 권리 등이 망라되었다. 이러한 기본법의 정신은 훗날 바이마르(Weimar) 공화국 헌법이나 독일 연방 공화국의 헌법에도 그대로 반영되었다.

통합 방안으로 제시된 대독일주의와 소독일주의

국민의회는 국제적 상황과는 관계없이 독일 국가의 기본 체제를 논의하기 시작했는데 중요한 문제로는 국민, 연방 체제 그리고 헌법에 관한 것 등을 들 수 있다. 특히 통합 방안에 대해서는 의견을 달리하는 파벌도 형성되었는데, 대독일주의파(grossdeutsch)와 소독일주의파(kleindeutsch)가 바로 그것이었다. 대독일주의파는 독일 연방에 소속된 오스트리아 제국의 영역을 신독일에 포함시켜야 한다고 주장했다. 물론 오스트리아가 독일권에서 행사했던 기득권 역시 보장해야 한다는 것이 대독일주의파의 관점이었다. 그에 반해 소독일주의파는 프로이센 주도로 독일을 통합해야 한다는 견해를 제시했다. 따라서 그들은 독일권에서의 오스트리아 역할을 인정하지 않으려 했다.

그러나 시간이 지남에 따라 대독일주의를 지지하던 오스트리아 출신의 의원들은 점차 대독일주의에 대해 부정적인 시각을 가지게 되었는데 그것은 그들이 지속적으로 주장해 왔던 견해, 즉 오스트리아 제국 전 영역이 신독일에 편입되어야 한다는 것이 수용되지 않았기 때문이다.[29] 더욱이 1849년에 접어들면서 소독일주의자들은 의회 내에서 과반수를 차지하게 되었다. 그들은 헌법에 명시된 세습 황제권을 프로이센 국왕인 프리드리히 빌헬름 4세에게 위임해야 한다고 생각하고 그것을 국민의회에서 관철시켰다. 그것에 따라 1849년 3월 오스트리아를 제외한 모든 연방 국가의 대표들이 프로이센 왕에게 황제 대관을 봉정하기 위해 베를린으로 향했다.

그러나 프리드리히 빌헬름 4세는 황제의 관이 독일 제후들의 합의 사안이 아니라는 이유를 들어 받아들이기를 거부했다. 그는 내심 혁명의 선물을 받아들이는 것은 신의 은총을 받은 군주의 성스러운 권리 및 명예가 더럽혀지는 것으로 생각했기 때문에 그 수용을 거부했던 것이다. 프로이센 왕의 대관거부로 프랑크푸르트 국민의회의 독일 국가창설 계획은 좌절되었다. 그러나 사실 프로이센 왕이 프랑크푸르트 국민의회의 제의를 수락했다 하더라도 오스트리아가 그에 대해 즉시 이의를 제기했을 것이다. 이후 독일의 각 영방(이러한 체제는 1815년부터 1866년까지 존속했다) 정부는 자신들의 대표를 소환했고 잔여 의원들은 활동 장소를 슈투트가르트(Stuttgart)로 옮겼다. 그러나 잔여 의회는 프로이센의 압력으로 1849년 6월 8일 강제해산되었다.

이 당시 비스마르크는 독일의 통합에 대해서 반대하지는 않았지만 프로이센의 위상 및 독립을 제한할 수 있는 통일 방안에 대해서도 동의하지 않았다. 아울러 그는 프로이센과 오스트리아가 독일권에서 동등한 지위를 확보해야 한다는 관점을 피력했는데 그것은 그 자신이 프랑크푸르트 국민의회에서 제기된 독일의 통합 방안, 즉 대독일주의와 소독일주의에 대해 관심을 가지지 않았기 때문이다. 1849년 2월 프로이센 통합지방의회 의원으로 선출된 비스마르크는 향후 정치에 전념하겠다는 의사를 밝혔는데 그러한 입장은 자신이 이미 극우세력의 지지를 확보했다는 확신에서 비롯된 것 같다. 그에 따라 그는 자신의 영지를 임대한 후 가족들과 함께 베를린으로 이주했다.

에어푸르트 연합의회

1850년 3월 2일 에어푸르트 연합의회(Das Erfurter Unions-parlament)의 일원으로 선출된 비스마르크는, 소독일주의자 라도비츠(Radowitz)가 제시한 연합정치(unionspolitik)안의 비현실성을 지적했다. 당시 라도비츠는 독일권에서 오스트리아를 배제한 후 프로이센의 주도로 독일권을 통합해야 한다는 소독일주의 원칙을 천명했는데, 비스마르크가 보기에 그것은 당시 상황에서는 실현 불가능한 구상이었다. 왜냐하면 당시 빈 정부는, 독일권에서 자신들의 위상을 실추시킬 수 있는 라도비츠의 구상을 저지하기 위해서는 군사적인 행동도 불사하겠다는 입장을 공식적으로 밝히고 있었기 때문이다. 실제로 이후 빈 정부는 베를린 정부의 의도를 차단하기 위해 군사적인 행동을 펼쳤고 그것은 베를린 정부로 하여금 연합정치안을 포기하도록 하는 결정적인 요인이 되었다. 이에 따라 빈 정부는 1850년 11월 29일 베를린 정부와 올뮈츠 협정(Ölmutzer Punktation)을 체결했다. 이 협정문에 따르면, 베를린 정부는 연합정치안을 포기하고 연방 체제의 부활에 전적으로 동의한다는 것이었다.[30]

1850년대의 비스마르크.

프랑크푸르트 연방의회 대사로서의 활동

1851년 5월 15일 비스마르크는 프랑크푸르트 연방의회 대사로 임명되었다. 그 자신이 후에 인정했듯이 대사직은 한 국가의 외교를 담당하는 중요한 관직이었다. 그런데 베를린 정부가 외교 정책에 대해 문외한이었던 비스마르크에게 그러한 직책을 맡겼다는 것은 매우 이례적인 결정이라 할 수 있는데, 사실 비스마르크를 연방의회 대사로 임명해야 한다는 제안은, 1851년 4월말 레오폴드 게를라흐로부터 나온 것이었다. 그는 프리드리히 빌헬름 4세에게 비스마르크의 등용을 적극 추천했는데 그것은 비스마르크만이 독일권에서 프로이센의 위상을 증대시킬 수 있다는 판단에서 비롯된 것 같다. 프리드리히 빌헬름 4세 역시 비스마르크의 정치적 성향 및 역량을 파악하고 있었기 때문에 게를라흐의 제청을 수용하는 데 주저하지 않았다.

프랑크푸르트에서 비스마르크는 오스트리아에 대한 자신의 입장을 우선적으로 정리해야만 했다. 이 당시 오스트리아 정치가들은, 프로이센이 오스트리아와 대등한 국가가 아니며 앞으로도 그렇게 될 수 없다는 입장을 피력하고 있었고 비스마르크 역시 그것을 인지하고 있었다. 따라서 비스마르크는 독일권에서 프로이센의 위상 증대에 필요한 방안을 강구해야만 했는데, 그 과정에서 종종 외교적인 결례를 범하기도 했다. 당시 프랑크푸르트 주재 오스트리아 대사였던 툰-호헨슈타인

(Thun-Hohenstein)은 비스마르크의 이러한 시도에 대해 부정적인 시각을 주저 없이 드러냈다.[31] 그는 "프로이센이 복권에 당첨된 적이 있고 앞으로도 그러한 행운이 계속 반복되기만을 바라는 것 같다"라는 우회적 표현을 통해 비스마르크의 시도가 비현실적이라는 것을 부각시켰던 것이다.[32]

프랑크푸르트 체류 시절 비스마르크는 공문서뿐만 아니라 사적인 편지에서도 독일권에서 진행되던 당시의 상황을 상세히 기술했다. 여기서 그는 프리드리히 빌헬름 4세가 자신이 펼치고 있던 프로이센의 위상 증대 방안에 동의하지 않는다는 사실을 우회적으로 드러내는 가운데 그에 대한 자신의 불만을 토로하는 데 주저하지 않았다.[33]

그럼에도 불구하고 비스마르크는 베를린에서 자신의 정치적 목적을 달성하고자 노력했다. 1858년 3월 비스마르크는 당시 프리드리히 빌헬름 4세의 후계자였던 빌헬름 왕자에게 자신의 정치적 관점을 정리한 문서를 제출했는데 거기서 그는 베를린 정부가 빈 정부를 의식하지 말고 자기중심적인 정책, 즉 독자적인 정책을 펼쳐야만 독일권에서 프로이센의 위상을 증대시킬 수 있다는 입장을 피력했다. 이러한 그의 주장이면에는 프로이센의 국익을 위해서는 오스트리아 제국과의 충돌도 배제할 수 없다는 관점이 내포되어 있었다. 그러나 빈 정부와의 우호적 관계를 지향했던 빌헬름 왕자는 비스마르크의 이러한 구상에 대해 별 관심을 보이지 않았다. 따라서 이후부터 비스마르크의 입지는 크게 위축되었고 베를린에서도 그를 배

척하려는 분위기가 조성되기 시작했다. 특히 빈 정부는 비스마르크를 해임시켜야만 독일권에서 자신들의 위상을 지킬 수 있다고 판단했기 때문에 외교적 역량을 총동원하여 비스마르크를 해임시키려고 했다. 그리고 그러한 시도는 결국 성공을 거두었다. 비스마르크 역시 정적들에 의해 자신이 프랑크푸르트 연방의회로부터 추방된다는 사실을 인지했기 때문에 관례적인 고별사를 포기했고 오스트리아 출신 의장 역시 비스마르크를 위한 자신의 답례사를 생략했다.

러시아와 프랑스에서의 활동

1859년 1월 23일 비스마르크는 러시아 주재 프로이센 공사로 임명되었다. 3월 말 임지에 도착한 비스마르크는 러시아 외교 정책의 근간을 파악하려는 노력을 펼쳤고 거기서 자신의 관점을 현실화시키기 위해서는 러시아의 도움이 절대적으로 필요하다는 것도 인지하게 되었다. 아울러 그는 러시아의 저명한 외교관이었던 고르차코프(Gortschakow)로부터 외교 정책에 대한 많은 지식도 전수받았다.[34] 뿐만 아니라 그는 개인적으로 알렉산드르 2세(Alexander Ⅱ)와 두터운 친분 관계를 맺음으로써 러시아와 프로이센 사이의 우호적 관계 정립에도 크게 기여했다. 러시아 공사로서의 임기를 끝낸 비스마르크는 1862년 1월 22일부터 프랑스 주재 프로이센 공사로 근무했다. 그 기간이 채 일 년도 되지 않았지만, 이 시기에 그는 나폴레옹

3세(Napoleon Ⅲ)의 보나파르트 정책(Bonapartism)에 대해 깊은 관심을 보였다. 여기서 그는 외교적 업적을 통해 국내 문제를 해결하려는 보나파르트 정책의 운영 과정을 세밀히 관찰해 그것을 향후 자신의 정책에도 활용하겠다는 생각을 하게 되었다. 이러한 보나파르트 정책의 핵심적인 구도는 실제로 이후 언급될 비스마르크의 정책, 즉 1860년대 초 군제 개혁(heeresreform) 과정에서 야기된 의회와의 충돌 및 1870년대 의회 내 반대 세력과의 대립이라는 내정 문제를 외교적 업적을 통해 해결하려한 것 등에서 확인된다.

현실정치가로서의 행보

빌헬름 1세의 군제 개혁

1859년 호엔촐레른 가의 새로운 지배자로 등극한 빌헬름 1세(Wilhelm Ⅰ)는, 섭정 지위에 있을 때 전쟁장관(kriegminister)과 육군 참모총장으로 임명했던 론(Roon)[35]과 몰트케(Moltke)로 하여금 프로이센군을 증강시킬 수 있는 방안을 구체적으로 강구하도록 지시했다.[36] 빌헬름 1세의 이러한 지시는 주변 국가들의 병력이 대폭 증대된 데 따른 우려의 표시라 할 수 있다. 실제로 프로이센의 병력은 1813년 이후 14만 명을 유지한 반면 인접 국가들, 특히 프랑스의 병력은 17만 명에서 40만 명으로 대폭 증강되었고 오스트리아 역시 프로이센의 군사력을 훨씬 능가하는 31만 명의 병력을 보유하고 있었다. 빌헬름 1세의 명령을 받은 론은 군사력 증강 계획과 그에 따른 예산 확보 방안을 1860년 2월 10일 하원에 제출했다. 그 내용은 1817년 이후 매년 4만 명으로 고정된 신규 징병 규모를 6만 5천 명으로 늘리고 일반 병사들을 일선 부대에서 3년간 복무시킨 후 예비군에서 4년간, 그리고 지방군에서 7년간 복무하게끔 제도를 고친다는 것이었다. 그리고 이렇게 규모가 확대된 군대를 재정적으로 뒷받침하기 위해 매년 추가 군사비 명목으로 950만 탈러(taler)를 지원한다는 것이었다.[37] 론은 자신이 제시한 개혁안의 근거로서 프로이센의 인구가 그동안 1,000만 명에서 1,800만 명으로 늘어났음을 지적했다.

의회의 반발에 대한 빌헬름 1세의 대응책

이러한 병력 증강안에 대해 자유주의자들 역시 원칙적으로 견해를 같이 했다. 그러나 그들은 예비역 및 후비역 축소가 해방전쟁(befreiungskrieg)의 전통을 계승하고 군제 개혁가 등의 이상이었던 '무장화된 시민', 즉 시민과 군대가 결속되었던 전통에 위배된다는 사실을 파악했다. 자유주의자들의 이러한 우려에 대해 빌헬름 1세는 엄격한 군인 정신으로 무장한 군대만이 대내외 문제에 대처할 강력한 수단이 될 수 있다는 반론을 제기했다. 이제 군제 개혁은 단순한 군사적·기술적 범위를 넘어 '시민의 군대인가, 국왕의 군대인가'라는 제도 이념적인 갈등과 대립을 함축하게 되었다. 하원은 국왕과의 충돌을 피하기 위해 군비 증강을 위한 잠정 예산 승인을 가지고 빌헬름 1세와 타협하고자 했다. 그러나 빌헬름 1세는 의회의 동의 없이도 군제 개혁을 할 수 있다는 확신을 가지고 있었다. 즉 그는 군제 개혁을 국왕의 통수권으로 간주했던 것이다.

의회 내에서 타협을 거부한 자유주의 좌파는 독자적으로 1861년 6월 6일 독일 진보당(Deutsche Fortschrittspartei)을 결성했는데 이 당은 프로이센의 주도로 독일권을 통합시켜야 한다는 것을 당의 기본 강령으로 제시하여 독일 통합에 대해 깊은 관심을 보였다. 아울러 이 정당은 헌법 제정의 중요성도 부각시켰다.

같은 해 12월 5일과 6일에 걸쳐 실시된 하원 선거에서 109석의 의석을 차지한 독일 진보당은 제1당으로 부상했지만, 14석의 의석을 획득한 보수파는 정당으로서의 의미마저 상실하게 되었다.[38] 이 당시 독일 진보당은 의회 내 각파의 지지를 얻어 정부의 군제 개편을 원천적으로 봉쇄하고자 했다. 91명의 구자유주의자(altliberalen) 의원들과 50명의 중도 좌파(linken-zentrum) 의원들도 독일 진보당의 이러한 입장을 지지했다. 상황이 이렇게 전개됨에 따라 국왕은 의회를 해산시키는 강경책을 펼쳤다. 의회가 해산됨에 따라 새로운 내각이 구성되었는데 거기에는 이전과 달리 보수적 성향의 인물들이 대거 참여했다.

비스마르크의 등장

독일 진보당과 자유주의 좌파는 1862년 5월 6일 실시된 선거에서 다시 압도적인 승리를 거두었고 그해 9월 하원은 예산안 자체의 상정을 각하시켰다.[39] 이에 따라 빌헬름 1세는 자신의 아들에게 왕권을 양위(abdankung)하려는 생각을 하게 되었고 그것에 필요한 수순을 비밀리에 밟기 시작했다. 우선 그는 자신의 서명과 날짜만이 빠진 양위 문서(abdankungsurkunde)를 작성했고 그것을 자신의 측근 인사들에게 제시했다. 빌헬름 1세의 이러한 시도에 대해 우려하고 있었던 론은 비스마르크만이 이러한 상황을 극복할 수 있을 거라고 판단했다. 따라서 그는 9월 18일 프랑스에 있던 비스마르크에게 "지체하면 위험하다(periculum in mora)"라는 내용의 전보를 보내 조속히 귀국할 것을 종용했다. 아울러 그는 빌헬름 1세에게 비스마르크가 당시 제기된 문제를 해결할 수 있는 최적의 인물이라는 것도 주지시켰다. 그러나 빌헬름 1세는 비스마르크의 수상 임명에 대해 회의적인 태도를 보였다. 비스마르크 역시 빌헬름 1세가 자신에 대해 부정적 시각을 가졌다는 것을 알고 있었지만 론으로부터 전보를 받은 즉시 베를린으로 출발했다. 베를린에 도착한 비스마르크는 9월 20일부터 베를린 근처의 바벨스베르크(Babelsberg) 성에 머무르면서 당시 국왕과 의회 사이의 대립을 좀 더 구체적으로 파악하고자 했다. 아울러 그는 자신을 위험에 놓인 주군, 브란덴부르크(Brandenburg) 선제후(kurfürst)의

봉신에 비유함으로써 자신의 의무가 무엇인지를 우회적으로
밝혔다. 9월 22일 빌헬름 1세는 자신의 계획인 왕권 양위를
실행하기에 앞서 비스마르크와 서너 시간에 걸친 독대를 했
다. 여기서 빌헬름 1세는 비스마르크에게 군제 개혁을 완수할
장관으로 취임할 수 있는가를 물었다. 또한 그는 비스마르크
가 의회의 다수 세력에 의해 관철된 사안을 번복시킬 수 있는
지도 확인하고자 했다. 빌헬름 1세의 이러한 질문들에 대해
비스마르크는 의회와의 대립 과정에서 군주를 위험에 놓이게
하느니 차라리 그와 더불어 몰락하겠다는 입장을 밝혔다. 아
울러 그는 빌헬름 1세에게 의회의 기능을 무시한 독재의 시대
를 한시적으로 도입해야 한다는 것도 강조했다. 비스마르크의
이러한 확고한 자세는 빌헬름 1세로부터 긍정적인 반응을 이
끌어 냄과 동시에 자신의 퇴위를 철회케 하는 요인으로도 작
용했다.40)

수상으로서의 활동 개시

국왕과 의회가 날카롭게 대립하는 가운데 1862년 9월 24일
비스마르크는 임시 수상(interimistische ernennung zum preussischen
ministerpräsidenten)으로 임명되었다.41) 그리고 그는 예산위원회
에서 국가 예산 중 군사비 항목이 삭감된 것에 대한 자신의 입
장을 명백히 밝혔다. 즉, 그는 1862년 9월 30일 의회에서 "독일
권이 주목하는 것은 프로이센의 자유주의가 아니라 그 권력이

다. (중략) 오늘의 문제는 언론이나 다수결—이것이 1848년과 1849년의 잘못이다—에 의해서가 아니라 피와 철(blut und eisen)에 의해서만 결정된다"라는 것을 언급했던 것이다. 하원의 반대로 차기 연도 예산이 확정되지 못한 상황에서 비스마르크는 상하 양원의 불일치로 예산이 통과되지 못할 경우를 대비한 헌법 규정이 없음을 파악했다. 따라서 그는 하루라도 국가 통치가 중단되어서는 안 된다는 결점이론(Lückentheorie)을 부각시켰던 것이다. 여기서 그는 프로이센이 영국이 아니기 때문에 베를린 정부는 런던(London) 정부처럼 의회에 대해 책임을 지지 않아도 되며 헌법적인 교착 상태가 초래될 경우 오직 국왕만이 그것을 해결할 수 있는 권한을 가진다는 입장도 밝혔다. 이후 그는 긴급권을 발동하여 예산 승인 없이 국가를 운영하기 시작했다. 이로써 의회의 예산권은 무력화되었고 군제 개혁을 둘러싼 분쟁은 헌법 투쟁(Verfassungskonflikt)으로 비화되었다. 비스마르크는 관료와 군대를 장악하고 예산 불승인에도 불구하고 조세 징수를 감행했다. 이에 독일 진보당은 납세 거부를 국민들에게 호소했지만 그러한 시도를 펼친 자유주의자들에 대한 비스마르크의 탄압은 더욱 강화되었다. 비스마르크의 이러한 탄압은 메테르니히(Metternich)가 주도한 카를스바트의 결의를 능가하는 행위였음에도 불구하고 사실상 그것에 대해 저항할 사회 세력은 제대로 형성되지 못한 상황이었다.

독일 연방의 개혁

1863년 8월 오스트리아 황제 프란츠 요제프 1세(Franz Josef
I)는 독일 연방의 개혁을 논의하기 위해 전체독일군주회의
(Fürstentreffen)를 프랑크푸르트에서 개최했다. 회의의 주요 의제
로는 첫째, 정례적인 제후의회(fürstentag)의 소집, 둘째, 집행권
을 보유한 '5인 집정부'의 설치, 셋째, 민족주의적 감정을 완
화시키기 위해 각국 의회에서 선출된 300명의 의원으로 자문
회의를 구성하는 것 등이 선정되었다. 프란츠 요제프 1세의
이러한 제의에 대해 독일권의 대다수 국가들은 긍정적인 반응
을 보였다. 그에 따라 이들 국가의 군주들은 제후의회에 참석
했지만 프로이센의 빌헬름 1세는 비스마르크의 조언에 따라
회의 참석을 거부했다. 그러나 회의에 참석한 군주들로부터
다시 초청을 받게 됨에 따라 그의 결심은 흔들리기 시작했다.
이에 비스마르크는, 프로이센의 국왕이 회의에 참석할 경우
그것은 단지 독일권에서 오스트리아의 위상을 확인시켜 주는
것에 불과하다는 견해를 피력했다. 당시 비스마르크는 빌헬름
1세가 자신의 주장에 동의하지 않을 경우 사임하겠다는 의사
를 밝혔고 그것은 빌헬름 1세에게 커다란 압박감을 가져다주
었다. 왜냐하면 그는 비스마르크가 없는 상황에서 비타협적인
의회와 다시 대립해야 했기 때문이다. 장시간 지속된 독대의
결과, 비스마르크는 침대 위에서 좌절하는 군주를 남겨 놓은
채 의기양양 독대 장소를 떠날 수 있었다. 따라서 프로이센 국

왕의 참여 없이 제후의회는 활동을 시작했고 빈 정부가 제출한 의안 역시 통과되었다. 그러나 오스트리아의 승리는 프로이센의 참여 없이는 아무 것도 성사될 수 없다는 현실적 상황 때문에 아무런 의미도 없는 것이었다.

덴마크와의 전쟁

비스마르크는 1864년 2월 16일부터 오스트리아와 더불어 덴마크와 전쟁을 펼쳤는데 그 이유는 덴마크의 크리스티안 9세(Christian IX)가 1863년 11월 16일 슐레스비히 공국을 덴마크에 편입시키려 했기 때문이다. 아울러 비스마르크는 슐레스비히-홀슈타인 문제를 당시 제기되고 있던 독일 통합과 연계시키려는 의도도 가지고 있었다. 이 전쟁은 같은 해 8월 1일에 종료되었고 덴마크의 소유령이면서 독일 연방의 일원이었던 슐레스비히는 프로이센의 신탁통치하에 놓이게 됐다.[42] 오스트리아는 승리의 대가로 홀슈타인에 대한 신탁 통치권을 확보했는데 그것은 향후 프로이센과의 대립을 유발시키는 요인으로 작용했다.[43]

형제 전쟁

이 당시 비스마르크는 독일권에서 오스트리아가 지향하는 의도를 파악하고 있었기 때문에 소독일주의 원칙에 따른 독일권의 통합을 지향했다. 따라서 그는 자신의 관점을 실현시키기 위해서는 오스트리아와의 전쟁도 불가피하다는 판단을 했는데 그것은 빈 정부가 소독일주의 원칙에 따른 독일 통합을 불허했기 때문이다. 빈 정부가 독일 통합을 진정으로 원하지 않고 있다는 확신을 가진 비스마르크는 군사력 강화 정책을 펼치기 시작했다. 아울러 그는 외교적인 공작도 게을리 하지 않았다. 따라서 그는 1865년 10월 나폴레옹 3세를 비밀리에 만나 형제 전쟁이 발발할 경우 프랑스의 중립을 약속받았고, 1866년 4월 8일에는 이탈리아 왕국과 3개월간의 한시적 군사 동맹 체제를 체결하여 오스트리아가 패배할 경우 이탈리아의 베네치아(Venezia) 합병도 인정한다는 약속을 했다. 물론 러시아와의 친선 관계는 그가 1859년부터 약 3년간 페테르부르크에서 대사로 근무할 때 이미 구축된 상태였다.

1866년 6월 21일 비스마르크는 의회의 맹렬한 반대에도 불구하고 프로이센군을 홀슈타인으로 출격시켜 형제 전쟁을 일으켰다. 전쟁이 발발함에 따라 빈 정부는 즉시 독일 연방의회를 개최하여 프로이센의 침략 행위를 규탄했고 참여한 국가들의 대다수를 자국 측에 가담시켰다. 그러나 오스트리아는 프로이센군의 신속한 작전으로 3주 만에 홀슈타인령을 상실했다. 1866년 7월 3일 쾨니히그레츠(Königgrätz) 전투에서 오스트리아의 주력군은 프로이센의 후장총과 몰트케가 이용한 철도라는 획기적 이동 수단 때문에 패배했다.[44]

이 전투가 끝난 후 비스마르크는 나폴레옹 3세의 개입을 차단하기 위해 1866년 8월 23일 오스트리아와 프라하(Praha) 조약을 체결했다. 그것에 따라 독일 연방은 해체되었을 뿐만 아니라 오스트리아 역시 독일 통일 문제에서 배제되었다.[45]

한편, 쾨니히그레츠 전투가 시작되는 날 실시된 하원 선거에서 독일 진보당은 참패했고 그 의석수 역시 143석에서 83석으로 줄어들었다. 반면 보수파는 대약진을 했다. 비스마르크는 이 기회를 활용, 1862년 이후부터 예산 승인 없이 사용한 경비에 대해 사후승인(indemnität)을 받는 안을 1866년 9월 3일 의회에 제출해 다수결의 승인도 받아 냈다. 이후 비스마르크는 다시 자유주의자들과 타협했고 그로써 의회는 프로이센 국왕의 대권, 특히 군 통수권을 승인하고 군제 개혁 역시 기정사실화했다.

북독일 연방의 결성

독일 연방이 붕괴된 이후 독일권은 마인(Main) 강을 경계로 남북 두 개의 블록으로 나뉘었다. 비스마르크는 1866년 10월부터 마인 강 이북의 영방들과 조약을 체결하여 연방 조직을 형성했다. 그것에 따라 비스마르크는 프로이센, 작센, 하노버, 쿠어헤센, 그리고 나사우 등을 포함한 총 22개 영방으로 구성된 북독일 연방(Norddeutscher Bund)을 발족시켰다. 북독일 연방은 단순한 국가 연맹이었던 독일 연방과는 달리 중앙 권력을 갖춘 연방 국가의 성격을 가졌다. 연방 의장은 프로이센 국왕이 차지했는데, 그에게는 국제법상 연방을 대표하고 전쟁과 평화를 선포하고 체결할 수 있는 권한 및 연방군에 대한 최고 지휘권, 법률안 선포권, 연방 수상 임명권 등 여러 권한이 부여되었다. 연방 각 정부의 대표로 구성된 연방참의원(Bundesrat)과 보통, 평등 선거에 의해 선출된 제국의회(Reichstag)는 입법권을 장악했다. 다수결의 원칙에 따라 연방참의원에서 안건들이 처리되었지만 총 43표 중 17표를 차지한 프로이센은 거부권도 행사할 수 있게 되었다. 아울러 프로이센은 군소 국가들에 대한 통제력도 발휘할 수 있었기 때문에 의사 진행의 주도권을 어려움 없이 확보했다. 따라서 프로이센은 북독일 연방에서 절대적 우위를 차지하게 되었으며 권력 행사도 가능하게 되었다.

그러나 북독일 연방의 헌법은 국민주권을 토대로 한 자유주의의 제 원칙을 보장하지 않았다. 그리고 연방에 가입한 각 국가들은 기존의 헌법을 그대로 유지할 수 있었을 뿐만 아니라 문화적 특수성 역시 보장받았다.

마인 강 이남 지역에서도 정치적 통합은 실현되지 않았다. 그러나 비스마르크는 남부 독일 국가들, 특히 바이에른, 바덴(Baden), 뷔르템베르크(Würtemberg), 그리고 헤센-다름슈타트(Hessen -Darmstadt) 등과 비밀 공수동맹을 맺고 나폴레옹 3세의 야심에 대비하고자 했다. 아울러 그는 1867년에 개편된 관세동맹을 통해 이들 국가들을 북독일 연방에 결속시킬 수 있었다. 이로써 관세 및 통상에 국한된 통합이기는 했지만, 내용적으로는 남부 독일 대표들을 참여시킨 보다 확대된 북독일 연방 및 프로이센이 군림하는 전 독일적 연방 국가의 원형이 창출되었다. 더욱이 남부 독일에 대한 비스마르크의 정책은, 성급한 결과보다는 그들의 자존심을 존중하면서 자신의 독일 통합요구에 순응할 수 있게끔 하는 유연한 것이었는데 그것은 비스마르크가 무력으로 남부 독일을 북독일 연방에 편입시킬 수 없다는 사실을 잘 알고 있었다는 데서 비롯된 것 같다.

프랑스와의 전쟁

이 당시 독일권의 상황 변화에 대해 프랑스도 깊은 관심을 보였다. 사실, 프랑스는 자국과 인접한 독일권에서 강력한 통합국가가 등장하는 것을 바라지 않았다. 따라서 프랑스는 프로이센과 오스트리아 간의 휴전을 주선하면서 그것의 반대급부로 라인 강 좌안 지역을 강력히 요구했다. 아울러 파리 정부는 프로이센의 강국화를 막기 위해 라인 강을 경계로 한 독일 문제 처리에 개입하기도 했다. 그러나 비스마르크는 프라하 평화조약을 체결할 당시 나폴레옹 3세가 요구한 라인 강 좌안 지대의 할양을 거절했다. 대신 그는 구 독일연방과 관세동맹의 가입국으로서 네덜란드 지배하에 있던 룩셈부르크(Luxem-burg)에 대한 프랑스의 야망을 묵인했다. 이에 따라 나폴레옹 3세는 프랑스 동북방의 경계를 변경시키기 위해 1867년 9월 네덜란드로부터 룩셈부르크를 매입하려고 했다. 비스마르크는 그러한 매입을 용인하려고 했으나 북독일 연방은 동의하지 않았다. 국제 여론 역시 나폴레옹 3세에게 불리하게 작용했다. 이후 영국의 중재로 룩셈부르크는 중립국으로서의 독립을 유지할 수 있었다. 비스마르크에 대한 기대가 무너짐에 따라 프랑스와 프로이센 간의 관계가 악화되기 시작했다. 이 당시 비스마르크는 프랑스가 독일 통합에 대해 부정적이었을 뿐만 아니라 그것의 실현을 저지하려는 의도도 가지고 있다는 사실을 알고 있었다.

이러한 상황에서 1868년 9월 17일 마드리드(Madrid)에서 폭동이 발생해 부르봉(Bourbon) 왕조의 이사벨 2세(Isabella II)가 추방되었다. 이후 마드리드의 실세로 등장한 프림(Prim)은 빌헬름 1세의 친척이었던 레오폴드(Leopold) 공을 스페인 왕으로 옹립하려고 했다.46) 프랑스는 이에 대해 강력한 이의를 제기했다. 프랑스가 이렇게 반발함에 따라 레오폴드 역시 스페인 왕위 계승을 포기했다. 그러나 파리 정부는 그러한 일이 다시 발생되지 않게끔 문서적 보장을 받아 내려고 했다. 이에 따라 프랑스 대사 베네데티(Benedetti)는 1870년 7월 12일 빌헬름 1세가 머무르고 있던 엠스(Ems) 온천에 가서 호엔촐레른 가문이 향후 스페인 왕위 계승에 관여하지 않겠다는 보증을 받아 내려고 했다. 빌헬름 1세는 프랑스 대사의 무례한 행동을 즉시 비스마르크에게 알렸고 비스마르크는 그것을 왜곡시켜 발표했다.47) 즉, 그는 프랑스 대사가 빌헬름 1세를 모욕했기 때문에 빌헬름 1세 역시 그것에 걸맞게 대응했다는 내용으로 발표했던 것이다.

이후 양국 사이의 대립은 첨예화되었고 그것은 결국 전쟁으로 이어졌다.

일찍부터 개전을 예견했던 비스마르크는 남부 독일 국가들과 비밀리에 체결한 공수동맹(Schutzund Trutzbündnis)에 따라 이들 국가들로부터 군사적인 지원을 받았다. 아울러 그는 러시아를 비롯한 유럽 국가들로부터의 중립도 약속받았다. 또한 그는 몰트케 장군에게 전쟁 준비를 철저히 할 것을 명령했고 그 결과 독일 연합군은 병력, 장비, 훈련 등에서 프랑스군을 압도했다. 따라서 전쟁이 시작된 지 2개월도 안된 1870년 9월 4일, 나폴레옹 3세는 8만 6천 명의 프랑스군과 함께 스당(Sedan)에서 항복하고 강화를 제의했다. 그러나 프랑스에 대해 철저한 타격을 가하고자 했던 비스마르크는 강화 제의를 거부하고 1871년 1월 29일 파리를 함락시켰다.[48] 하지만 유럽 국가들이 중립을 포기할 수도 있다는 판단하에 비스마르크는 가능한 한 빨리 전쟁을 종결시켜야 한다고 생각했다. 그리하여 같은 해 5월 10일 비스마르크는 프랑크푸르트에서 프랑스와 엘자스-로트링겐의 할양 및 50억 프랑의 배상금 지불을 내용으로 하는 조약을 체결하고 전쟁을 종결시켰다.

내정에 대한 관심

독일제국의 탄생

1871년 1월 18일 베르사유(Versailles)에서 탄생한 독일제국은 4왕국, 18공국, 3자유시 등 25개의 국가와 2제국령(엘자스-로트링젠)으로 구성된 연방 국가였다. 그러나 이러한 연방 체제는 이전의 독일 연방처럼 여러 대소 국가의 집합체도 아니면서 완전한 중앙집권 국가라고도 볼 수 없는 모호한 정치 체제였다. 왜냐하면 바이에른, 작센, 뷔르템베르크, 바덴 등이 이전의 칭호 및 지위를 유지하면서 상원에 해당되는 연방의회(Bundesrat)에서도 압도적 의석을 보장받았기 때문이다. 더욱이 새로 제정된 제국헌법은 외형상 입헌 정치의 형태를 취하고 있었으나 내용

독일제국의 재상 비스마르크.

적으로는 자유주의의 기본 원칙과 위배되는 경우가 많았다.

제국헌법에 의하면, 연방의회는 각국의 대표와 황제가 지명하는 60명의 의원들로 구성되었는데 입법권과 군사 및 외교상의 대권 등을 가져 그 권한이 막강했다. 그러나 의원들 중 17명은 황제가 직접 임명했기 때문에 연방의회의 권한은 실질적으로 황제권에 예속되었다. 또한 하원에 해당하는 제국의회는 보통선거(25세 이상의 성인 남자들이 투표권을 부여받았다)로 선출된 의원들로 구성되었지만 실질적인 권한은 없었고 수상의 자문 기관에 불과했다. 따라서 제국의회의 의원들은 정부 정책에 대한 자신들의 불만을 표출하는 것으로 만족해야만 했다.

이 당시 독일제국의 재상은 프로이센 수상도 겸임했다. 또한 그는 의회가 아닌 황제에게만 행정적 책임을 졌기 때문에 황제와 더불어 국정을 실질적으로 운영해 나갈 수 있었다.[49]

한편, 북독일 연방이 창설된 이후부터 비스마르크를 지속적으로 지지해 온 국민자유당(Nationalliberale Partei)은 제국 창건과 더불어 당세를 비약적으로 확장시켰다. 즉, 이 당의 의석수는 1871년 125석에서 1873년에는 155석으로 늘어났다. 비스마르크는 국민자유당의 절대적 지지를 토대로 경제 정책과 법률 정비에 박차를 가했다. 1871년 그는 마르크(mark)를 통화 단위로 채택하고 다음 해에는 은본위 제도를 금본위 제도로 전환시켰으며 1875년에는 제국은행도 설립했다. 또한 각 지방마다 달랐던 도량형도 미터법으로 단일화시켰다. 그러나 비스마르크는 법제적 통일이 자신이 생각한 것보다 많은 시간이 필요하다는 것을 인지했기 때문에 단계적인 방법을 채택했다.[50]

비스마르크의 정당 정책

비스마르크는 국민자유당의 협력으로 군사예산 문제를 해결했지만 제국 창건 이후부터 급격히 성장한 반대파의 세력에 대해서도 관심을 보여야만 했다. 그중 가장 강력한 반대 세력으로 부각된 것은 가톨릭계의 중앙당(Zentrumspartei)으로, 그 구성원들은 비스마르크의 통일 작업에 불신을 제기해 온 인물들이었다. 1870년 12월 라이헨스페르거(Reichensperger)의 주도로 창당된 이 당의 강령은, 국가로부터 교회의 제 권리를 지키고 각 영방의 독립성을 보장하는 연방 체제의 도입을 지향하는 것이었다. 창당한 지 얼마 안 되어 바이에른을 비롯한 남부 독일 국가들의 정치가들이 이 당의 핵심 세력으로 등장하게 되었다. 그들은 동부의 폴란드계 주민들과 새로이 제국에 편입된 엘자스-로트링겐 지방의 가톨릭계 주민들과도 연계를 모색했는데, 그 이유는 이들이 신교 국가인 프로이센의 주도로 독일이 통합된 것에 대해 깊이 분노하고 있었기 때문이다.

더욱이 빈트호르스트(Ludwig Windhorst) 주도하의 중앙당은,

1830년대부터 가톨릭교회가 자본주의 체제의 발전 과정에서 부각된 사회적 양극화 현상을 비판해 온 전통을 계승한다는 취지로 노동자 계층의 입지 향상을 지향하는 사회적 제 입법의 제정을 강력히 요구했다. 비스마르크는 이러한 중앙당의 압력에 굴복하지 않고 오히려 교회를 국가의 감독하에 두고자 했다. 더욱이 비스마르크의 정치적 기반이었던 프로이센에서는 교회의 통제로부터 학교를 해방시켜 국가의 감독하에 두고 중앙당을 지원하는 로마 교황청을 설득하기보다는 강경하게 맞서야 한다는 주장이 광범위한 지지를 받고 있었다.

문화투쟁의 시작

상황이 이렇게 전개되고 있는 시점에서 교황 비오 9세(Pius IX)는 '진보, 자유주의, 근대 문명'과의 타협을 거부한다는 입장을 밝혔는데 이것은 일종의 문화투쟁(Kulturkampf)적 선언이었다. 그리고 이러한 투쟁은 1871년 7월 8일 프로이센 문화성의 가톨릭과가 폐지되면서 본격화되기 시작했다.

같은 해 10월 12일 제국의회는 가톨릭 성직자들에 대한 정부의 감독을 강화하고 국가 질서를 위해하는 성직자들의 언동도 금지시킨다는 법안을 통과시켰다. 1872년 프로이센의 교육부 장관으로 임명된 국민자유당 소속 팔크(A. Falk)는 1873년 5월 11일 모든 학교 교육을 국가의 감독하에 둔다는 '5월 입법 (Maigesetze)'을 발표했다. 이 법으로 교회에 대한 국가의 통제가 한층 강화되었고 성직자가 되기 위한 조건으로 인문계 고등학교, 즉 김나지움 및 대학 교육을 받을 것과 철학, 역사, 독일 문학에 관한 문화시험(Kulturexamen)이 의무화되었다. 또한 출생·사망·결혼 사항 등을 교회가 아닌 행정 당국에 신고하도록 했고 그러한 조치는 점차적으로 제국 전역으로 확대 적용되기 시작했다.

중앙당과 투쟁하면서 베를린 정부는 정교 분리 원칙을 넘어 교회에 대한 정부의 통제를 강화시켰고, 병자들의 치료를 담당하고 있던 수도원들을 제외한 독일 내의 모든 수도원들을 해산시켰다. 베를린 정부의 이러한 종교 정책은 그동안 방관적이었던 신교 측으로부터도 강력한 반발을 초래했다. 더욱이 5월 입법의 시행 결과 공석으로 남게 된 1,400개 이상의 사제 자리를 채우고자 정부가 직접 국가 사제를 선출하려 했을 때, 정부의 이러한 의도에 대한 주민들의 반발은 의외로 거셌다. 이제 국가와 교회의 투쟁은 제국 전체로 확산되었고 교회에 대한 정부의 탄압하에서 중앙당의 세력은 비약적으로 팽창하게 되었다.

교회 및 가톨릭 주민의 반발을 예상하지 못했던 비스마르크는 로마교회에 굴복한 신성로마제국 황제 하인리히 4세(Heinrich IV)의 행보를 인용하여 '카노사(canossa)에는 결코 가지 않겠다'고 장담하면서도 교회에 대한 양보 정책을 펼치지 않을 수 없게 되었다. 따라서 그는 5월 입법을 발의한 팔크를 파면했고 교황과의 화해도 모색하게 되었다.

경제적 침체와 정당 정책

통일 직후 제국의 경제는 프랑스로부터 받은 전쟁 배상금과 국내 시장의 통합 구축으로 호황을 누리게 되었고 그 과정에서 새로운 기업들이 속속 탄생했다.

그러나 1873년부터 시작된 수년간의 경제 불황은 주가의 대폭락과 수많은 기업의 도산 및 노동자들의 대량실업을 야기했다. 통일 과정을 적극적으로 지지한 국민자유당의 지원하에 자유주의적 제 개혁을 시행함으로써 독일 경제는 비약적인 성장을 구가했지만 장기간의 공황으로 자유주의자들의 이상은 이제 어려운 국면을 맞이하게 되었던 것이다. 상황이 이렇게 전개됨에 따라 비스마르크는 국민자유당을 대신하여 보수당과 중앙당으로부터 지지를 얻고자 했다. 따라서 그는 지금까지 견지한 경제 정책의 근간을 포기하는 대신 새로운 경제 정책의 방향을 제시했다. 즉, 그는 보호관세 제도를 강화시켰을 뿐만 아니라 중앙정부에 대한 지방정부의 부담금 역시 증액시켰던 것이다. 비스마르크의 이러한 정책적 변화는 자신과 국민자유당 사이의 균열을 가져왔지만 보수당과 중앙당과의 결속을 촉진시키는 계기가 되었다. 그리고 이러한 판단은 점차 제국의 새로운 적으로 부상하고 있던 사회주의 추종 세력과의 대립에서 우위를 지켜야 한다는 당위성에서 나온 것이기도 했다.

주지하듯, 공업화의 결과는 1871년 인구의 5분의 1을 점유하던 노동자의 수를 급증시켜 1880년대 초에 이르러 그 수가 인구의 4분의 1에 이르게 되었다. 그러나 이들 노동자들은 장기간 지속된 경제적 불황으로 어려운 상황에 놓이게 되었다.

아울러 이러한 상황은 경제적 평등을 지향하던 사회주의 세력을 급증시키는 요인도 되었다. 보통·평등선거제의 도입을 위해 비스마르크와 절충을 모색했던 라살(F. Lassalle)의 '전독일 노동자협회(Der Allgemeine Deutsche Arbeiterverein)'와 달리, 마르크스(Marx)의 계급이론으로 무장한 베벨(A. Bebel)과 리프크네히트(W. Liebknecht) 등의 등장이 그러하다. 이들의 주도로 1869년 7월 아이젠나흐(Eisenach)에서 '사회민주노동당(Sozialdemokratische Arbeitspartei)'이 결성되었다. 이 정당은 1875년에는 라살파도 흡수하여 '사회주의 노동당(Sozialistische Arbeitspartei)'으로 확대되었으며 제국의회에 진출할 정도로 성장했다. 비스마르크가 사회주의 노동당의 이러한 확대에 대해 위협을 느끼고 있는 상황에서, 일부 시민들 또한 '파리코뮌'의 혁명적 상황에 깊은 충격을 받고 노동자들의 정당한 요구마저 거부해야 한다는 입장을 표명하기도 했다.

그리하여 비스마르크는 계급적 증오를 조장할 수 있는 행위를 처벌코자 제국의회에 형법 개정안을 제출했지만 국민자유당의 반대로 부결되었다. 그러자 비스마르크는 두 차례에 걸친 황제 암살 미수 사건, 즉 1878년 5월 11일과 5월 24일에 있었던 미수 사건을 사회주의자들에 대한 탄압 정책에 활용하려고 했다.

사회민주주의 탄압법과 복지 제도의 도입

비스마르크는 1878년 10월 21일 새로이 구성된 제국의회에서 사회민주주의 탄압법(Gesetz gegen die gemeingefährlichen Bestrebungen der Sozialdemokratie)을 통과시켜 사회민주주의적, 또는 사회주의적, 무정부주의적 성향을 가진 단체들의 활동을 금지시켰다.[51] 또한 그러한 활동은 형법적 대상으로 간주되었고 당원들은 경찰의 감시까지 받게 되었다. 이러한 사회민주주의 탄압법은 2년간 한시적으로 시행된다고 했지만 실제로는 1890년까지 갱신·유지되었다. 그러나 이 기간 중에도 사회주의에 대한 지지도는 높아졌고 사회주의 노동당의 의석수 역시 35석으로 신장되었다. 이러한 현실에 직면한 비스마르크는 사회민주주의 탄압법을 통한 강압만이 사회주의에 대한 완벽한 대응이라고 생각하지는 않았다. 즉, 그는 국가가 적절한 사회 정책을 펼치고 노동자들의 생존권을 보장할 경우 그들을 혁명적 사회주의자들로부터 격리시킬 수 있다는 확신도 가지고 있었던 것이다.

1881년 11월 비스마르크는 제국의회에서 사회 입법의 취지를 담은 황제 교서를 낭독하고 노동자들에 대한 국가적 차원에서의 보호 및 부양 정책도 실시하겠다는 입장을 밝혔다. 이후 약 10년간 베를린 정부는 광범위한 사회복지 제도를 도입하는 데 적극성을 보였다. 1883년에는 병의 치료비와 부상 수당금 지불을 위한 질병 보호법이 제정되었고 질병 금고를 갖춘 협동조

합도 설치되었다. 1884년에는 '노동재해보험법(Unfallversicherung)'
이, 1889년에는 폐질·노년 보험(Alters und Invalidenversicherung)을 위한
법률이 공포되었다. 이 당시 비스마르크는 이러한 사회복지
제도를 운영하기 위해서는 막대한 자금이 필요하다는 것을 잘
알고 있었다. 또한 그는 노동자들의 부담을 덜어 주기 위해서
는 국가와 기업이 운영 자금을 분담해야 한다는 사실도 인지
했기 때문에 그것을 토대로 한 법안을 의회에 제출했다. 그러
나 의회는 비스마르크가 제출한 법안을 통과시키지 않았다.
결국 노동자들과 사용주들이 공동으로 자금을 부담하고 제국
은 폐질·노년 보험을 위한 보조금만을 지불하기로 했다.[52] 결
과적으로 비스마르크는 흔히 '비스킷과 회초리(zuckerbrot und
peitsche)'라 지칭되는 양면 정책, 즉 사회 정책과 탄압법을 동시
에 시행했다. 그럼에도 불구하고 내부적 긴장은 해소되지 않
았는데 그 이유는 '노동자 보호 입법'이 의회에서 통과되지
않았기 때문이다. 그리고 그로 인해 노동자들의 불만은 증대
되었고 사회주의 노동당 역시 그 세력을 더욱 확장시킬 수 있
었다. 반면 자유주의 세력은 양분되었는데, 사회민주주의 탄
압법 및 노동자 보호 입법에 반대했던 좌파와 달리, 우파 정치
가들로 구성된 국민자유당은 사회 입법을 적극적으로 지지했
던 것이다.

실용적 외교 정책

비스마르크의 대(對) 프랑스 정책

1870년대 초 국가적 통일을 이룩한 독일 및 이탈리아는 유럽 대륙의 강대국으로 부상했고 그것은 유럽의 세력 판도에 커다란 변화를 가져오는 요인도 되었다. 바로 이 시기부터 향후 약 20년 동안 비스마르크는 국제 정치 무대에서 주도적인 역할을 담당하게 되었는데, 그러한 이유로 이 시기를 '비스마르크 시대(Ära von Bismarck)'라고도 한다.

앞서도 언급한 바와 같이, 비스마르크는 전쟁을 외교 수단으로 사용하는 데 주저하지 않았던 현실정치가였다. 그럼에도 불구하고 그는 독일 통합 이후에는 가능한 한 전쟁을 피하려고 했는데, 그것은 전쟁으로 인해 신생국가 독일이 위협받을 수도 있다는 판단을 했기 때문인 것 같다.[53] 그러면서 비스마르크가 항상 고려했던 것은 독일에 대한 프랑스의 복수전(revanchekrieg)이었다. 여기서 그는 프랑스가 독자적으로 독일을 공격할 능력을 갖추지 못했기 때문에 반드시 동맹국을 필요로 할 것이라고 판단했다. 따라서 그는 프랑스를 국제적으로 고립시킬 경우 프랑스의 복수전은 실현될 수 없다는 확신하에 프랑스의 고립화를 독일 외교 정책의 가장 주요한 과제로 설정했다. 이후부터 그는 프랑스의 동맹국이 될 수 있는 러시아를 프랑스로부터 격리시키는 데 가장 큰 관심을 보였다.

삼제협정의 체결

1873년 10월 22일 비스마르크는 삼제협정(Dreikaiserabkommen)을 발족시켰는데, 거기에는 독일을 비롯한 러시아, 오스트리아-헝가리가 참여했다. 이 협정의 목적은 유럽에 평화질서 체제를 정착시키고 그것을 위협하는 전쟁의 가능성을 배제하는 데 있었다. 그러나 삼제협정은 오래 지속되지 못했다. 1875년 4월 8일 비스마르크는 자신의 측근인 뢰쓰러(C. Rössler)로 하여금 프랑스의 군비 확장을 강력히 경고하기 위해 "전쟁이 보이는가?(Ist der Krieg in Sicht?)"라는 기사를 「포스트(Post)」 신문에 게재하도록 했다. 이 기사는 비스마르크가 기대했던 대로 양국 간의 전쟁 위험성을 증대시키는 계기가 되었다. 그러나 현

상황에서 프랑스가 더욱 약화되는 것을 원하지 않고 있었던 영국과 러시아는, 비스마르크의 기대와는 달리 독일을 견제하는 공동 정책을 펼쳤다. 이러한 것은 삼제협정의 한계를 드러내는 것이었고, 곧이어 발생한 동방 위기는 삼제협정을 휴지 조각으로 전락시켜 버렸다.

1875년 보스니아-헤르체고비나(Bosnia-Herzegovina)에서 중과세 문제로 반오스만튀르크 운동이 일어났는데, 오스만튀르크는 이를 무력으로 진압했다. 당시 발칸 반도에서 세력 확대를 모색하고 있던 러시아는 독일에게 오스만튀르크에 대한 간섭을 요구했으나 비스마르크는 그러한 제의를 수용하지 않았다. 그러자 러시아는 오스트리아-헝가리에게 반오스만튀르크 군사 동맹 체제의 결성을 제안했다. 비록 그 제안이 거절되기는 했지만 이들 두 나라는 유럽 내 오스만튀르크의 영토 분배에 대해서는 합의를 이끌어 냈다. 그리고 이것은 러시아-오스만튀르크 전쟁의 요인으로 작용했다. 1877년 4월 24일부터 시작된 전쟁은 러시아의 승리로 끝났고 다음해 3월 3일에 체결된 '상 스테파노(San Stefano) 조약'으로 오스만튀르크는 유럽 내의 모든 영토를 상실하게 되었다. 이 조약으로 탄생한 불가리아는 도나우 강 이남의 발칸 지방 대다수를 차지하여 흑해 연안에서 몬테네그로(Montenegro)까지를 지배하게 되었다. 러시아역시 지중해로 진출할 수 있는 권한을 부여받았다. 그런데 상스테파노 조약이 체결된 이후 영국과 오스트리아-헝가리가 러시아의 대오스만튀르크 정책을 적극 견제하기 시작했는데, 이는 러시아로 하여금 국제회의의 필요성을 느끼게 하는 것이었고 그 결과 '베를린회의(Berliner Kongress)'가 개최되었다. 그동안 동방문제에 대해 소극적이었던 비스마르크는 여기에서 '정직한 중개인(ehrlicher Markler)' 역할을 수행하게 되었다.54)

베를린회의

베를린에 소집된 각국 정부는 독일제국이 등장한 이후부터 그에 대해 불안 및 불신을 가지고 있었다. 그러나 이 회의에서 비스마르크가 독일을 위한 영토적 보상보다 유럽의 세력균형을 우선시한다는 입장을 밝힘에 따라 독일 정부에 대한 이들 국가들의 불신 역시 사라지게 되었다. 회의 결과 영국과 오스트리아-헝가리의 압력을 받은 독일이 러시아를 위해 아무런 협조도 하지 않게 됨에 따라 러시아는 상 스테파노 조약을 통해 오스만튀르크로부터 획득한 영토의 일부, 즉 마케도니아를 포기하지 않으면 안 되었다. 러시아는 이것이 1866년과 1870~1871년 프로이센을 위해 지켜 준 중립의 보상인가를 자문하면서 독일에 대해 강한 불신을 갖게 되었다. 반면 영국은 오스만튀르크로부터 키프로스를 획득하여 지중해에 거점을 마련했으며, 오스트리아-헝가리는 보스니아-헤르체고비나에 대한 통치권을 획득했다.

베를린회의의 결과, 독일과 러시아의 관계는 급격히 냉각되었다. 더욱이 1879년 8월 15일 러시아 황제 알렉산드르 2세가

베를린회의(1878.7.13).

빌헬름 1세에게 보낸 서신은 이러한 상황을 더욱 악화시켰다. 편지에서 알렉산드르 2세는 독일의 반러시아적 태도에 분노를 느낄 뿐만 아니라 경우에 따라서는 독일과의 전쟁도 불사하겠다는 입장을 밝혔다. 이러한 소위 '따귀편지(ohrfeigebrief)'는 비스마르크로 하여금 독일과 러시아 사이의 관계를 재검토해야 한다는 인식도 가지게 했다.

삼국동맹의 체결 과정

이에 따라 비스마르크는 자신의 주도로 오스트리아-헝가리와 동맹 체제를 구축하려 했다. 그리하여 그는 오스트리아-헝가리의 외무장관이었던 언드러시(Andrassy)와 수차례 회동을 가졌다. 하지만 빌헬름 1세는 비스마르크의 이러한 시도에 대해 동의하지 않았다. 왜냐하면 그는 당시 제기된 러시아의 비우호적 태도를 사소한 것으로 생각했기 때문이다. 당시 빌헬름

1세는 러시아와 베를린 사이의 왕조적 우호가 가지는 의미를 높이 평가했을 뿐만 아니라 러시아 황제가 모르는 상태에서 오스트리아-헝가리와 동맹 체제를 구축하는 것 자체를 비열한 행위로 간주했던 것이다. 이렇게 빌헬름 1세가 빈과의 동맹 구축에 반대함에 따라 비스마르크는 정부의 지지를 토대로 자신의 관점을 관철시키려 했다. 이러한 과정에서 비스마르크는 공직에서 물러나겠다는 입장을 밝혔고 황제 역시 "나보다는 비스마르크가 독일제국에 더 필요한 인물일 것이다"라는 언급을 하며 자신의 퇴위를 고려했다. 상황이 이렇게 전개되자, 비스마르크는 황제가 동의할 수 있는 방안을 모색했다. 즉, 빌헬름 1세의 입장은 베를린 정부가 빈 정부와의 동맹 체제 구축에 필요한 절차를 밟고 있다는 사실을 러시아 황제에게 알려야 한다는 것이었는데, 이러한 상황에서 비스마르크가 생각한 최선의 방법은 빌헬름 1세의 그러한 입장을 빈 정부가 이해할 수 있게끔 하는 것이었다. 빈 정부 역시 러시아와의 관계 개선이 필요하다고 인식했기 때문에 비스마르크의 의도에 동의했고 그것에 따라 1879년 10월 7일 독일과 오스트리아-헝가리 사이에 방위 동맹 체제가 체결되었다. 그러나 이것은 오스트리아-헝가리에 대한 러시아의 압력을 경고하면서 발칸 반도에서의 세력균형을 유지하려는 방안에 불과했고, 오히려 독일을 위해서는 독일, 오스트리아-헝가리, 러시아라는 3개국 간의 동맹이 절대적으로 필요하다는 것이 비스마르크의 변치 않는 관점이었다. 비스마르크는 이러한 자신의 심정을 빈 정부와의 방위 동맹이 체결된 직후 측근이었던 라도비츠에게 솔직히 토로했는데, 그에 따르면, 독일은 오스트리아-헝가리와의 방위 동맹 체결로 빈 정책에 대한 최상의 영수증을 가지게 된다는 것이다. 이것은 독일이 오스트리아-헝가리에 접근할 경우 러시아 역시 독일과의 접촉을 모색할 것이라는 그의 분석에서 나온 것이라 하겠다.

그리하여 러시아의 범슬라브주의에 대한 오스트리아-헝가리의 경계에도 불구하고 비스마르크는 다다넬즈(Dardanelles) 해협에서의 영국과 러시아의 대립을 이용하면서 러시아에 다시 접근했다. 그리고 1880년 4월 영국에서 오스트리아-헝가리에 적대적이었던 자유당이 집권하자 같은 해 6월 18일 비스마르크는 삼제동맹(Dreikaiservertrag)을 체결했다. 독일, 오스트리아-헝가리, 러시아가 참여한 이 동맹에 따르면, 제4국이 참가국들 중의 어느 한 국가를 공격할 경우 나머지 국가들은 호의적 중립을 지킨다는 것이었다. 예컨대, 만약 독일이 프랑스와 전쟁을 할 경우 러시아는 중립을 지킨다는 것이다. 삼제동맹의 체결로 발칸의 동부 지역은 러시아의 지배하에 놓이게 되었고 러시아는 오스트리아-헝가리가 보스니아-헤르체고비나를 자국에 병합하는 것을 승인했다. 이로써 동유럽의 평화가 보장되었고 독일에 대한 전쟁의 위협 역시 감소되었다. 그러나 계속되는 러시아와 오스트리아-헝가리의 대립은 동맹 체제를 붕괴 위험으로 몰고 갈 수밖에 없었다.

거의 같은 시기 영국과 프랑스와 이탈리아 사이에는 오스만튀르크의 지배하에 있던 이집트와 튀니지아를 둘러싸고 긴장이 높아갔다. 이미 베를린회의에서 프랑스는 자신의 지배하에 있던 튀니지아를, 영국은 이집트를 각각 영유하게끔 승인된 바 있었다. 그러나 프랑스가 튀니지아를 보호국화 하고 모로코에 발판을 구축함에 따라 튀니지아에 많은 주민을 이주시키려던 이탈리아는 자국의 권익이 크게 침해받을 수 있다는 판단하에 오스트리아-헝가리에 접근했다. 사실 이탈리아는 오스트리아-헝가리령인 달마티아와 남부 티롤 등 '미수복된 이탈리아'의 회복을 지향해 왔기 때문에 오스트리아-헝가리와 오랫동안 대립하고 있었다. 그러나 튀니지아에 대한 프랑스의 정책에 충격을 받은 이탈리아는 1882년 5월 20일 오스트리아-헝가리, 그리고 독일과 더불어 삼국동맹(Dreibund)을 체결했다. 하지만 이탈리아와 오스트리아-헝가리가 오스트리아-헝가리에 살고 있던 이탈리아인 문제로 여전히 대립하고 있었다는 점에서 삼국동맹은 와해될 가능성이 클 수밖에 없었다.

그럼에도 불구하고 비스마르크는 이후 삼국동맹에 루마니아까지 포함시키는 확대안전보장 체제를 구축했다. 이것은 프랑스의 고립화를 더욱 강화하여 독일에 대한 프랑스의 위협을 제거하려는 목적 때문이었다. 뿐만 아니라 비스마르크는 지중해, 아드리아 해, 에게 해에서의 현상 유지를 위해 영국, 이탈리아, 오스트리아-헝가리 사이에 체결된 지중해 협정에도 깊숙이 개입했다.

러시아와의 재보장조약 체결

한편 비스마르크가 앞서 결성했던 삼제동맹도 삼국동맹과 마찬가지로 붕괴될 위험이 컸다. 왜냐하면 러시아의 범슬라브주의와 오스트리아의 범게르만주의가 발칸 반도에서 충돌하고 있었기 때문이다. 결국 러시아는 1887년 이 동맹 체제로부터 탈퇴했다. 여기서 비스마르크가 우려해 온 러시아와 프랑스의 접근 가능성이 제기되었고 비스마르크는 그것을 막기 위해 1887년 6월 18일 러시아의 니콜라이 2세(Nikolaj Ⅱ)와 '재보장조약(Rückversicherungsvertrag)'을 체결했는데, 거기에는 독일과 러시아 중 어느 한 국가가 제3국과 전쟁을 할 경우 다른 국가는 중립을 지킨다는 것이 구체적으로 명시되어 있었다. 예컨대, 러시아와 오스트리아-헝가리 사이에 전쟁이 발발할 경우, 독일은 중립을 지킨다는 것이다.[55] 재보장조약이 체결된 이후 비스마르크는 이 조약의 의미를 다음과 같이 언급했다. 즉, 베를린 정부가 지향하는 외교 정책의 궁극적인 목표는 유럽에 평화를 유지하는 것으로, 러시아가 평화를 위협할 경우 독일은 오스트리아-헝가리 측을 지원하고, 반대로 오스트리아-헝가리가 평화를 저해할 경우에는 러시아와의 조약에 따라 중립적 입장을 취해야 한다는 것이었다.[56] 그런데 재보장조약은 독일과 오스트리아-헝가리의 상호 방위조약을 정면으로 위배하는 것이었다. 따라서 이 조약은 독일의 우방인 오스트리아-헝가리가 알 수 없게끔 비밀 조약의 형태를 취할 수밖에 없었다.[57]

　그러나 1890년 3월 20일 비스마르크가 수상직에서 물러나면서 그의 복잡하고 위험한 동맹 체제는 흔들리기 시작했다. 더욱이 젊고 모험적이었던 빌헬름 2세(Wilhelm II)가 직접 독일의 외교 정책을 좌우하게 되면서 일찍이 비스마르크가 우려했던 상황이 현실로 나타나기 시작했다. 즉, 빌헬름 2세는 러시아와의 재보장조약을 6월 18일에 폐기했다. 그는 러시아가 시효가 만료된 재보장조약의 연장을 희망했음에도 불구하고 그것의 연장을 거부했던 것이다. 비스마르크가 예상했던 대로 이후 러시아와 프랑스의 사이는 가까워졌고 마침내 두 국가 사이에는 동맹 체제가 구축되었다. 그 내용에 따르면, 동맹국의 어느 한 국가가 제3국과 전쟁을 할 경우 다른 국가는 동맹국을 위해 군사적인 지원을 한다는 것이었다. 다시 말해 프랑스가 독일과 전쟁을 할 경우 프랑스는 러시아로부터 지원을 받는다는 것이었다. 비스마르크가 없는 독일은 이제 국제적으로 불리한 상태에 놓이게 되었다.

실각의 과정

프리드리히 3세의 등장

1888년 3월 9일 빌헬름 1세가 91세의 나이로 사망했다. 같은 날 비스마르크는 제국의회에서 자신과 빌헬름 1세 사이의 돈독한 연대감 때문에 제국을 보다 효율적으로 통치할 수 있었다는 내용의 추모사를 낭독했다. 빌헬름 1세에 이어 독일 황제로 등극한 프리드리히 3세(Friedrich III)는 후두암(kehlkopf-krebs)에 걸린 중환자였기 때문에 그의 시대가 얼마 가지 못하리라는 것은 널리 알려진 사실이었다. 따라서 상당수 정치가들은 그의 아들이었던 빌헬름(Wilhelm) 황태자의 행보에 대해 더 깊은 관심을 보였다.

56세의 나이로 황제 자리에 오른 프리드리히 3세는 길지 않을 자신의 재위 기간을 고려했기 때문에 내정 및 외정에서 근본적인 변화를 모색하지 않았다.[58] 아울러 그는 자신의 부인인 빅토리아(Viktoria)가 비스마르크와 불편한 관계였음에도 불구하고 비스마르크와 결별하려는 생각을 하지 않았다. 이는 그가 제국의 운영을 비스마르크에게 전적으로 위임시키려 한 데서 확인된다.

예상했던 대로 프리드리히 3세의 치세는 99일 만인 1888년 6월 15일에 끝나게 되었고 29세의 빌헬름 2세가 그의 후계자로 등극했다.

빌헬름 2세의 등극

신황제가 등극했음에도 불구하고 비스마르크의 연임은 보장된 것처럼 보였다.[59] 프리드리히 3세와 달리 빌헬름 2세는 왕자 시절부터 자신의 주장을 펼치는 데 적극적이었다. 비스마르크는 빌헬름의 이러한 직선적 성격에 대해 우호적인 자세를 보였지만 점차적으로 그의 정치적 역량이 매우 미흡하다는 사실도 인지하게 되었다. 따라서 그는 빌헬름을 베를린 외무성에서 일정 기간 근무하게 하여 국가적 사안들을 올바르게 통찰할 수 있는 능력을 부여하려고 했다. 그러나 당시 황태자였던 프리드리히 빌헬름은 비스마르크의 이러한 구상에 반대했는데 그것은 그 자신이 빌헬름 왕자의 '미성숙'과 '불손함'

을 알고 있었기 때문이었다.

빌헬름과 비스마르크 사이의 논쟁

빌헬름 1세의 치세 말기 비스마르크와 빌헬름 왕자 사이에 첫 번째 논쟁이 펼쳐졌다. 논쟁의 시발점은 유태인 및 사회주의자들에 대해 반감을 가졌던 슈퇴커(Stoeker)가 1878년 기독사회당(Christlich-Soziale Partei)을 창당한 것에서 찾아진다. 슈퇴커는 창당 이후부터 자신의 정당을 통해 유태인과 사회주의자들을 폄하하는 데 주력했는데, 그의 주장에 따르면, 유태인과 사회주의자들은 이질적인 집단이기 때문에 제국 내에서 배척당해야 하고 그렇게 해야만 사회적 안정과 평화가 구축될 수 있다는 것이었다. 그러면서 그는 이러한 자신의 관점에 대한 사회적 동의를 쉽게 얻어낼 수 있다는 자신감도 피력했다.

비스마르크와 빌헬름 왕자 사이의 갈등을 유발시킨 주된 요인은 바로 이러한 슈퇴커의 조직적이고 반사회주의적인 행동에 대해 빌헬름이 공식적으로 동조했다는 것과 비스마르크의 외교 정책을 그가 공개적으로 비판한 것이었다. 당시 비스마르크는 신민 간의 갈등을 유발시킬 수 있는 슈퇴커의 주장에 대해 부정적이었기

빌헬름 2세.

때문에 그러한 주장에 왕자가 동조한다는 것 자체를 용납하지 않으려고 했다. 아울러 그는 영국을 우선시하려는 빌헬름 왕자의 의도에 대해서도 불만을 표시했다.

비스마르크의 아들 헤르베르트(Herbert)[60]를 통해 재상의 관점을 파악한 빌헬름 왕자는 슈퇴커의 운동에 관여한 자신의 입장을 옹호하는 내용의 편지를 비스마르크에게 보내 비스마르크에 대한 자신의 부정적 시각을 주저 없이 표출시켰다.[61]

따라서 빌헬름 왕자의 편지를 읽고 난 후 비스마르크는 왕자에 대한 일종의 경고성 메시지가 필요하다는 판단하에 1888년 5월 9일 자신의 정치적 관점과 군주로서 활동하는 데 필요한 자세 등을 거론한 장문의 답장을 썼다. 여기서 그는, 미래 군주의 신임을 얻고자 아첨하는 주변 사람들에 대해 왕자는 경계해야 한다는 것을 언급했다. 이어 그는 프리드리히(Fried-rich) 대왕을 흠모하던 빌헬름 왕자에게 장군으로서뿐만 아니라 정치가로서도 답습해야 한다는 것을 충고했다.[62] 이러한 비스마르크의 비판적 답장에 대해 빌헬름은 심한 불쾌감을 느꼈지만 그것을 대외적으로 표출시키지는 않았다. 따라서 그는 비스마르크의 조언을 겸허히 수용하겠다는 입장을 밝혔다.

1888년 초에 있었던 양인 사이의 편지 왕래는 두 인물의 성격을 파악하는 데 도움이 되는 것도 사실이다. 그런데 편지에서 드러난 빌헬름 왕자의 경직된 태도는 어린 시절로부터 유추할 수 있을 것이다. 태어날 때부터 그의 왼손은 유전적인 요인으로 인해 오른손보다 짧았을 뿐만 아니라 그 기능 역시

비스마르크와 장남 헤르베르트.

거의 마비된 상태였는데, 아마도 그러한 것이 그의 성격 형성에 부정적 요인으로 작용한 것 같다.63) 뿐만 아니라 빌헬름 왕자는 위정자들에게 요구되었던 인내성 내지는 자기 제어 능력도 충분히 갖추고 있지 못했다. 따라서 만일 그가 비스마르크로부터 프리드리히 대왕이 결코 훌륭한 군주가 아니었다는 충고를 들었더라면 감수성이 예민한 그로서는 그러한 충고를 감내할 수 없었을 것이다.

그러나 빌헬름 2세의 즉위 이후 모든 것은 외관상 제대로 되어가는 것처럼 보였는데, 그것은 프리드리히 3세 재위 기간 중에 초래될 수 있었던 불확실성 등이 사라졌기 때문이었다. 비스마르크 역시 자신이 추진하던 일들에 대해 자신감을 보였다. 당시 그는 대부분의 시간을 베를린이 아닌 함부르크(Hamburg) 근처의 프리드리히스루(Friedrichsruh)에 있는 영지에서 보내고 있었다. 따라서 그는 아들인 헤르베르트를 통해 황제와 업무를 논의하는 간접적인 방법을 채택했다. 하지만 이러한 방식은 비스마르크를 혐오하던 사람들이 비스마르크의 입지 전복이라는 자신들의 의도를 구체화시키는 데도 일조했다.

루르 지방과 슐레지엔 지방에서의 광부 파업

이 당시 빌헬름 2세는 외양상 비스마르크를 신뢰하는 태도를 보였지만, 마음속으로는 자신의 입지 및 인기에 해가 되지 않는다면 가능한 한 빨리 그를 해임시키려고 했다.

양인 사이의 갈등은 사회 정책에서 본격적으로 표출되기 시작했다. 1889년 5월부터 루르(Ruhr) 지방과 슐레지엔(Schlesien) 지방에서 15만 명에 달하는 광부들이 파업을 전개했을 때, 비스마르크는 고용주들을 옹호한 반면, 황제는 순진하게도 노동자들을 지지했다.[64] 당시 황제는 비스마르크가 사회 정책에 대해 문외한으로 간주하던 베를렙쉬(Berlepsch)를 비롯한 몇몇 이상주의자들의 주장에 대해 관심을 보였을 뿐만 아니라 자신이 "가난한 계층의 황제(roi des gueux)"가 되겠다는 입장도 밝혔다. 이에 따라 그는 비스마르크의 반대에도 불구하고 파업노동자들의 대표단을 접견, 그들로부터 제기된 문제점들을 가능한 한 빨리 해결하겠다는 약속도 일방적으로 했다.[65] 이후 빌헬름 2세는 자신의 구상을 보다 구체화하기 위해 1890년 1월 24일 각료회의를 소집했고 거기서 그는 노동자들에 대한 시민계층의 관심 결여를 시정해야 한다는 입장을 밝혔다. 비스마르크는 인기에 영합하는 빌헬름 2세의 이러한 행동에 대해 이의를 제기했다. 아울러 그는 빌헬름 2세의 사회 정책에서 파생될 수 있는 문제점들도 구체적으로 지적했다. 황제 역시 비스마르크의 실각 이후 자신이 1889년부터 약 2년간 펼친 정책을 더 이상 고집하지 않았는데 그것은 자신의 관점이 타당하지 않았음을 스스로 입증한 것이라 하겠다.

사회민주주의 탄압법에 대한 인식 차이

사회민주주의 탄압법에서도 양인은 견해를 달리했다. 빌헬름 2세는 탄압 위주의 사회민주주의 탄압법을 전면적으로 개정하려고 했지만, 비스마르크는 의회에서 기존의 탄압법을 큰 수정 없이 그대로 연장시키려고 했다. 1890년 1월 25일 야당과 보수주의자들은 제국의회에서 비스마르크가 상정한 사회민주주의 탄압법의 연장을 거부했는데, 그것은 비스마르크로 하여금 사회민주주의 탄압법에 대한 황제의 관점을 명확히 파악하게 하는 계기도 되었다.[66]

이러한 일이 발생되기 며칠 전 황제가 주재하는 각료회의에서도 황제와 비스마르크 사이에 충돌이 있었다. 황제의 의도가 명확히 밝혀지지 않은 상황에서 비스마르크는 베를린으로 소환되었다. 이 당시 빌헬름 2세는 프리드리히 대왕의 생일에 맞추어 노동자보호법을 자신의 관점에 따라 개정하려고 했다. 따라서 그는 서둘러 각료회의를 소집해 자신의 측근들에게조차 알리지 않은 법안을 각료회의에 제출했다. 참석자들

모두가 놀란 가운데 비스마르크는 황제의 사회 정책안에 동의할 수 없다는 입장을 분명히 밝혔다. 그러나 그의 단호한 입장은 계속 견지되지는 않았다. 따라서 그의 아들 빌헬름(Wilhelm)은 부친이 가졌던 단호한 결단력이 약화되었음을 언급하기도 했다. 당시 비스마르크는 황제가 추진하던 사회 정책에 대해 부정적이었지만 정당한 내용들도 일부 들어 있음을 인정했다. 즉, 그는 일요일 휴식과 미성년 및 부녀자들의 노동 시간 제한 등에 동의했는데, 그것은 노동자 계층에 대한 최소한의 배려라는 인식에 그 자신이 동조했기 때문이다. 따라서 비스마르크는 1890년 2월 4일에 발표된 황제의 칙령(erlasse)을 입안하겠다는 입장을 밝혔다. 그러나 입안된 황제의 칙령에 재상의 부서가 생략되었기 때문에 사람들은 황제와 재상이 대립하고 있음을 쉽게 인지할 수 있었다.

의회의 정당들 역시 양인 사이의 갈등에 대해 어느 정도 알고 있었다. 만약 당시 비스마르크가 정당 및 대중들의 지지를 받고 있었다면 아마도 황제는 그에게 굴복했을 것이다.[67] 그러나 다소 차이는 있었지만 모든 정당들은 비스마르크를 싫어한다는 공통분모를 가지고 있었다. 내정 상황만을 인식하고 있었던 그들은 비스마르크의 외교 정책 및 그를 통해 보장받았던 독일제국의 안정이 가지는 중요성을 인지하지 못했기 때문에 그의 관점을 이해하려 하지 않았던 것이다. 물론 비스마르크 역시 의원들에게 자신의 정책 지향 목표를 충분히 설명하지 않았기 때문에 그 자신에게도 어느 정도의 책임은 있었다.

1890년 2월 20일 제국의회 선거가 실시되었다. 여기서 사회주의 노동당은 1887년에 비해 2배 정도의 유효표를 획득했고, 그들의 의석수 역시 11석에서 35석으로 크게 늘어났다.[68] 그에 반해 그동안 비스마르크의 정책을 지지했던 정당연합(Kartellparteien)은 많은 의석을 상실했으며, 3월 1일의 결선 투표 이후에는 영향력을 상실한 소수정당으로 전락했다. 당시 의회 내에서 가장 많은 의석을 차지한 중앙당은 보수당 내 좌파와 연합할 경우 제국의회에서 과반수의 의석을 확보할 수 있었지만 정당연합의 의석수는 220석에서 138석으로 줄어들었다.

1890년 3월 5일에 행한 연설에서 빌헬름 2세는 하층민의 복지를 위한 정책 입안에 노력하겠다는 입장을 밝혔다. 아울러 그는 일부 인물들이 자신의 정책에 반대하고 있음을 언급하면서 그러한 인물들을 가능한 한 빨리 제거하겠다는 의지도 천명했다. 이러한 언급은 일반적인 표현으로 볼 수도 있는 것이었지만 분명 비스마르크를 겨냥한 것이었다.

이러한 상황에서 비스마르크는 권력 유지를 위해 다각도의 노력을 펼쳤다. 과거 헌법 투쟁에서 왕권을 구했던 비스마르크는 이제 왕권에 대항하여 자신의 지위를 지키기 위한 투쟁을 펼쳐야만 했다. 그는 장관들에 대한 자신의 영향력을 유지하기 위해 재상의 승인 없이 황제는 장관을 임명할 수 없다는 1852년 9월 8일의 제후 칙령(kabinettsorde)을 부각시켰지만 황제는 그러한 칙령을 더 이상 인정하지 않겠다는 입장을 밝혔다. 비스마르크는 황제의 이러한 입장에 대해 불만을 표시했고 그것은 양인 사이의 결렬을 공식화하는 계기로도 작용했다.

비스마르크와 빈트호르스트

비스마르크와 빌헬름 2세는 다른 문제에서도 충돌했다. 비
스마르크는 제국의회 선거 이후 보수당과 중앙당이 연합할 경
우 과반수의 의석을 차지할 수도 있다는 예상을 했다. 따라서
중앙당과의 협상을 모색한 결과 1890년 3월 12일 비스마르크
와 빈트호르스트 사이에 밀담이 이루어졌다. 당시 빈트호르스
트 또한 사회주의 노동당의 세력 증대를 두려워하고 있었기
때문에 그러한 연합 제의에 대해 호의적이었다. 그럼에도 불
구하고 빈트호르스트는 자신이 위대한 인물의 정치적 종말을
동반해야 한다는 부담감으로 비스마르크와의 협상을 더 이상
진행시키지는 않았다. 이후 보수당과 중앙당과의 연합 시도는
양당 사이의 내부적인 문제로 결렬되었다. 그에 따라 극단적
인 보수주의자들은 황제를 추종하게 되었고 그러한 과정에서
황제에게 무조건 충성하겠다는 입장을 밝히기도 했다. 민족자
유주의자들 역시 비스마르크와의 결별을 선언했고 이들 세력
을 주도했던 미켈(Miquel)은 황제에게 발더제를 비스마르크의
후임으로 천거하기도 했다. 이러한 상황에 대해 비스마르크는
분노를 표시했지만 베를린 정가에서 그러한 것에 대해 관심을
표명하는 사람들은 거의 없었다.

비스마르크의 해임 과정

이 당시 비스마르크의 행보에 대해 예의주시하고 있던 빌헬름 2세는 그가 빈트호르스트와 밀담을 나눈 사실에 대해 불만을 토로했다. 나아가 그는 이 사건을 빌미로 비스마르크를 재상직에서 해임시키려고 했다. 따라서 그는 3월 15일 아침 비스마르크를 방문했다. 비스마르크는 평상시와 달리 일찍 깨어 있었다. 여기서 빌헬름 2세는 비스마르크에게 9시 30분까지 외무성에 출두할 것을 명령했다. 외무성에서 빌헬름 2세는 자신의 동의 없이 빈트호르스트를 만난 비스마르크를 힐책했다. 비스마르크는 자신이 모든 의원들과 접촉할 권한이 있음을 상기시켰지만 빌헬름 2세는 그러한 것에 동의하지 않았다. 뿐만 아니라 그는 제국의 재상이 그러한 대화를 할 경우 사전에 반드시 자신의 동의를 받아야 한다는 것을 강조했다. 아울러 그는 재차 제후 칙령의 철폐를 요구했다. 비스마르크는 빌헬름 2세의 이러한 요구들을 거부하며 자신이 들고 있던 서류철을 책상 위로 던짐으로써 자신의 불만을 간접적으로 표현했다. 독일과 러시아 사이의 관계 역시 양인 사이의 대화에서 중요한 부분을 차지했다. 빌헬름 2세는 비스마르크가 오스트리아-헝가리 국경에 러시아 병력이 증강된 사실을 자신에게 즉각 알리지 않은 것에 대해 불쾌하게 생각했다. 이 자리에서 비스마르크는 독일이 러시아를 등한시할 경우 초래될 수 있는 위기적 상황을 빌헬름 2세에게 구체적으로 거론하기도 했다.

그러나 대화가 끝나갈 무렵, 빌헬름 2세는 비스마르크의 사임을 요구했고 그것은 비스마르크로 하여금 자신의 해임이 기정사실이라는 것을 인지하게 했다. 결국 비스마르크는 사직서를 작성하기 시작했다. 3월 18일 제출된 사직서에서 비스마르크는 외교 정책을 둘러싸고 자신과 황제 사이에 상반된 견해가 있었음을 강조했고 러시아와의 관계 개선이 우선적으로 필요하다는 자신의 관점을 다시금 언급했다.[69] 이어 그는 황제가 자신의 봉사를 더 이상 원치 않기 때문에 사직할 수밖에 없다는 입장도 강력히 피력했는데 그것은 빌헬름 2세가 모든 면에서 부당하다는 것을 부각시키려는 의도에서 비롯된 것 같다.

빌헬름 2세는 3월 20일 비스마르크의 사직청원을 수용했다. 그러나 그는 자신에 대해 부정적이었던 비스마르크의 작별 서한을 공개하지 않았다. 같은 날 그는 비스마르크에게 라우엔베르크(Lauenberg) 공작 작위를 수여했다.[70] 외양상 황제는 아쉬운 마음으로 비스마르크를 떠나보냈고, 악화된 건강 상태와 그에 따른 그의 청원이 해임의 주된 이유인 것처럼 행동했다. 같은 날 빌헬름 2세는 바덴의 대공에게 보낸 전보 속에서 비스마르크를 떠나보내는 것이 마치 친할아버지를 다시 잃는 것처럼 슬프다고 언급했는데 아마도 그것은 자신의 기쁜 마음을 대외적으로 표출하지 않겠다는 저의에서 비롯된 것 같다. 하지만 그는 파멸의 길로 가게 될지라도 그것은 이미 신에 의해 정해진 길이라는 입장을 밝힘으로써 자신의 결정에 대해 당위성을 부여하려고도 했다. 아울러 그는 자신의 관점만을 지향하는 재상이나 장관들이 더 이상 필요하지 않다는 입장을 밝혀 자신과 비스마르크 사이의 불편했던 관계를 우회적으로 표현하기도 했다.

1890년 3월 29일 비스마르크는 베를린의 레어테르(Lehrter) 역에서 프리드리히스루로 떠났다. 유럽의 주요 국가들은 비스마르크의 해임에 대해 깊은 우려를 표명했는데 그것은 그의 해임으로 인해 유럽의 평화가 위협받을 수도 있다고 판단했기 때문이다. 각 국의 언론 역시 정부와 시각을 같이 했는데, 영국의 일간지 「펀치(Punch)」의 시각이 그러한 일례라 할 수 있다. 이 신문은 1890년 3월 *29*일자의 캐리커처(karikatur)에서 "수로 안내인(Lotse)이 배를 떠나고 있다"라고 언급하면서 이후 펼쳐질 유럽의 상황에 대해 심각한 우려를 표시했다.

그러나 이 당시 비스마르크를 해임시킬 만큼의 논쟁은 실제적으로 없었다. 따라서 이 부분을 연구하는 대다수 학자들은 비스마르크라는 거대한 인물의 영향에서 벗어나려는 빌헬름 2세의 의도가 바로 비스마르크를 실각시킨 주된 요인이라는데 견해를 같이하고 있다.

「펀치」에 실린 캐리커처.

비스마르크가 없는 베를린

비스마르크가 베를린을 떠난 지 얼마 되지 않았을 때, 빌헬름 2세는 비스마르크가 쿠데타(staatsstreich)를 계획했기 때문에 그를 해임시킬 수밖에 없었다는 언급을 하기도 했다. 실제로 독일 근대사 연구에서 이 부분이 자주 거론되는 것도 사실이다. 분명히 비스마르크는 쿠데타에 대해 종종 언급하곤 했었다. 즉, 비스마르크는 자신의 정책에 대해 부정적이었던 제국의회를 무력화시키려고 했다. 따라서 그는 반사회민주주의 탄압법이나 신군사예산안을 제국의회에 제출하여 자신의 의도를 관철시키려고 했다. 그렇게 할 경우 두 법안 중 하나 또는 모두가 부결되리라는 것을 비스마르크는 너무나 잘 알고 있었기 때문이다. 비스마르크는 그것을 핑계로 제국의회를 해산시킬 것이고 새로 소집된 제국의회에서도 동일한 법안들을 계속 상정시키려는 의도를 가졌던 것이다. 종국적으로 그는 제국의회의 권력을 대폭 축소하기 위한 제후의회를 소집하여 자신의 입장을 관철시키려고 했던 것이다. 실제로 제국의회에서 일종의 투쟁 프로그램을 실행시키려 했던 그의 계획은 국내 정치를 첨예한 대립으로 나아가게 했다. 그러나 이것이 비스마르크가 쿠데타를 계획하고 준비했다는 것을 의미하지는 않는다. 만약 비스마르크가 쿠데타를 계획했다 하더라도 그것은 기껏해야 그 자신이 구상했던 방안들 중의 하나에 불과하기 때문이다. 그리고 빈트호르스트나 중앙당과 협상하려고 했던 사실은 그가 쿠데타가 아닌 다른 방법으로 당시의 난국을 타개하려 했다는 것을 입증하는 증거라 하겠다.

　비스마르크의 외교 정책과 국내 정책을 완전히 구분하는 것은 타당하지 않다. 왜냐하면 그의 두 정책은 완전히 상이한 조건하에서 펼쳐졌기 때문이다. 비스마르크는 외교 정책에서 힘의 행보를 항상 올바르게 판단했고, 상대방이 무엇을 생각하고 있는지도 정확히 인지했다. 그러나 국내 정치에서 그는 이러한 통찰력을 거의 발휘하지 못했는데 그것은 비스마르크의 외교 정책에서 종종 부각되었던 중용 유지가 국내 정치에서는 거의 드러나지 못한 데서 확인할 수 있다. 실제로 그는 국내의 정치 세력을 외교 정책에서의 힘의 게임과 동일시했기 때문에 국내 정치적인 상황을 원만하게 처리할 수 없었던 것이다.

은퇴 이후의 활동

프리드리히스루에서의 생활

비스마르크는 재상 시절부터 전원생활에 대한 동경을 누차에 걸쳐 밝혀 왔었다. 그러나 은퇴 후 그는 바르친(Varzin)과 프리드리히스루에 머무르면서 인생의 무료함을 느끼는 경우가 많았다.

그러나 이 시기가 그에게 결코 불행한 시절만은 아니었을 것이다. 프리드리히스루를 찾은 수많은 방문객들은 비스마르크의 건강한 모습과 쾌활함에 대해 자주 언급했는데, 그들은 제국의 노(老)재상에게 깊은 경의를 표하면서 그를 '게르만의 영웅'으로 간주하기도 했다.

  방문객들의 이러한 찬사는 1895년 4월 비스마르크가 80회 생일을 맞이했을 때 절정을 이루었다. 450개 이상의 도시들이 비스마르크에게 명예시민증(ehrenbürgerwürde)을 주었고, 9,875통의 전보와 45만 통의 편지가 3월 25일부터 4월 2일까지 비스마르크에게 전달되었다. 아울러 노재상은 수많은 연회에서 축하를 받았는데 그중에는 저속하다고 생각되는 시구들도 다수 들어 있었다. 비스마르크는 자신을 방문한 사람들 모두에게 응답하는 성의를 표시했다. 그는 수많은 방문 및 축하가 자신의 업적을 칭송하려는 독일 민족의 성의에서 비롯되었다는 사실에 자신이 얼마나 행복한지를 솔직히 밝히기도 했다. 또한 그는 자신이 위대한 시대의 유일한 생존자이기 때문에 혼자만 과분한 대우를 받고 있다는 것을 겸손하게 말하면서 1871년에 건국된 독일제국은 앞으로도 영속할 것이라는 주장을 펼치기도 했다. 일례로 그는 자신을 찾아온 대학생들 앞에서 그들의 자손들이 1950년에도 여전히 황제와 제국을 위해 만세를 부르리라는 것을 예견하기도 했다. 그러나 비공식적인 석상에서 비스마르크는 제국의 미래 및 다가올 위험에 대해 우려 섞인 언급을 하는 데 주저하지 않았다. 즉, 그는 자기 측근들과의 대화에서 신이 독일을 위해 몰락이라는 제2의 시간과 그 뒤를 이어 등장할 공화국을 위해 새로운 시간을 준비하고 있다는 것을 거론했던 것이다.

  이 당시 비스마르크는 다시 공직으로 돌아가겠다는 생각을 하지는 않았다. 하지만 그는 개인 자격으로 정치 문제에 대해 언급할 권리가 있음을 항상 강조했고 그의 이러한 의도는 신문 사설을 통해 간헐적으로 나타났다. 특히 「함부르크 신문(Hamburger Nachrichten)」의 사설란은 비스마르크에 의해 채워지는 경우가 갏았는데, 그가 사설에서 주로 거론한 것은 현재 및 과거의 정치적 사안들이었다.

회고록의 집필 시작

비스마르크는 1890년 10월부터 약 2년간 회고록 집필에 주력했다. 그리고 이것은 『상념과 회고(Gedanken und Erinnerungen)』라는 제목으로 출판되었는데 정확한 제목은 '회고와 상념'이다.71) 이 회고록 집필에 가장 많은 도움을 준 인물은 그의 옛 부하였던 로타르 부허(Lothar Bucher)였다.72) 그는 비스마르크의 구술 과정에서 결여된 부분들을 보충할 자료들을 수집했을 뿐만 아니라 비스마르크로 하여금 세세한 부분까지 자세히 구술하게끔 유도하기도 했다. 그러나 비스마르크는 역사적 사안들을 대충 언급하는 경우가 많았기 때문에 그러한 구술이 그를 종종 당황스럽게 하기도 했다. 또한 비스마르크는 이야기를 과장하거나 순서를 바꾸어 구술하기도 했으며, 남의 조언을 들으려고도 하지 않았다.

그러한 문제가 있었음에도 불구하고 그의 회고록은 1892년 5월에 완결되어 비스마르크가 사망한 직후인 1898년 호르스트 콜(H. Kohl)에 의해 슈투트가르트의 코타 출판사(Cotta Verlag)를 통해 출간되었다. 회고록의 제2편은 비스마르크가 죽은 지 얼마 안 되어 출간되었다. 반면, 그의 해임을 다룬 제3편은 비스마르크의 희망에 따라 빌헬름 2세가 죽은 이후에야 비로소 간행되었다. 철저한 군주주의자였던 비스마르크는 자신이 독일의 마지막 황제를 비판했음에도 불구하고 때때로 빌헬름 2세가 국민들로부터 탄핵받는 것 역시 우려했던 것이다.

1890년까지 다룬 회고록의 제1편에서는 고령의 비스마르크가 항상 관심을 가졌던 여러 문제 및 인물들이 거론되었다. 과거에 대한 그의 언급들은 스케일이 큰 정치적 사건들과 연계되는 경우가 많았는데, 예를 들면, 비스마르크는 자신이 1871년에 성취한 것을 과거 수십 년간의 삶과 결부시켜 해석했다. 제2편과 자신의 해임을 다룬 제3편에서 비스마르크는 1890년대의 사건들과 황제에 대한 자신의 부정적인 관점을 중점적으로 거론했다. 거기에서 비스마르크는 자신의 정적 모두를 알지 못했고, 자신이 종종 비판했던 인물들에 대한 적대감 역시 매우 지나쳤다는 사실도 밝혔다. 비스마르크는 특정 부분에 대한 서술, 즉 자신의 해임을 다룬 서술에서는 증오심을 부각시키기도 했지만 전체적인 서술에서는 비교적 솔직하고 진지한 자세를 견지했다. 회고록에 따르면, 비스마르크가 1892년 6월 자신의 아들인 헤르베르트의 결혼식에 참석하기 위해 빈에 갔을 때 그와 베를린 정부와의 마찰은 극에 달했다. 당시 프란츠 요제프 1세는 비스마르크가 잠시 자신을 알현하는 것에 대해 동의했지만 빌헬름 2세가 프란츠 요제프 1세에게 편지를 보내 그의 알현을 방해했던 것이다. 또한 제국 재상 카프리비(Caprivi)는 1892년 7월 '관보'를 통해 비스마르크의 빈 체류 기간 중 독일 관료들이 그와 접촉하는 것을 금지한다는 명령을 내렸다. 그에 따라 빈 주재 독일 대사는 비스마르크의 아들 결혼식에 참석하지 않았다. 이러한 일련의 행위들은 비스마르크를 슬프게 했다. 그러나 빈을 오가는 길목인 드레스덴, 뮌헨, 아우구스부르크(Augusburg)에서 비스마르크에 대한 환영은 열광적이었다. 비스마르크는 돌아오는 길에 겪었던 일들을 생생하게 말했지만 자신과 관련된 제국 정부의 일방적인 처사에 대해서는 거론하지 않았다.

빌헬름 2세의 화해 모색

해임된 이후에도 비스마르크는 자신과 빌헬름 1세와의 돈독했던 관계를 누차에 걸쳐 강조했으며 그 시대를 회상하는 데 많은 시간을 할애하기도 했다. 그러나 그는 빌헬름 2세에 대한 개인적 비판은 자제했다. 비스마르크는 해임될 때 빌헬름 2세로부터 선물로 받은 실물 크기의 황제 초상화를 프리드리히스루의 주빈석에 걸어 둠으로써 신하로서의 예의를 지키기도 했다. 1894년 초부터 비스마르크와 외부 세계와의 화해가 이루어지기 시작했다. 이 당시 황실의 수장 역할을 담당했던 알브레흐트(Albrecht) 공작은 빌헬름 2세에게 비스마르크와 화해하지 않은 상태에서 비스마르크가 죽을 경우 독일 민족이 황제를 용서하지 않을 것이라고 경고했다. 이러한 영향력 있는 황실 인물의 경고는 비스마르크에 대한 빌헬름 2세의 입장을 완화시키는 요인이 되었다. 하지만 1894년 1월 26일 베를린에 마련된 자리에서 양인 사이의 대화는 형식적인 수준에서 벗어나지 못했고 그것은 황제가 프리드리히스루를 방문했을 때도 마찬가지였다. 티르피츠(Tirpitz)는 1895년 4월 1일 빌헬름 2세가 비스마르크를 다시 방문한 것을 언급했는데, 그에 따르면, 비스마르크는 빌헬름 2세와의 독대에서 프랑스 및 여타 유럽 국가들과의 관계 같은 정치적 주제를 가지고 대화를 풀어 나가려고 했다. 그러나 황제는 그러한 주제에 대해 관심을 보이지 않았고 자신의 연회에서 일어난 즐거운 일화들만을 언급하려고 했다. 다시 비스마르크가 정치적 문제를 거론하려 했지만 황제는 그것을 경청하려 하지 않았다고 한다.

요하나의 죽음

말년의 요하나.

비스마르크의 말년에 그에게 엄청난 슬픔을 가져다준 것은 아내 요하나의 죽음이었다. 그녀는 1894년 11월 27일 바르친에서 수종(wasser-sucht)으로 목숨을 잃었다. 아내의 죽음은 일시적으로 그를 좌절의 늪에 빠지게 했고 건강에도 심대한 영향을 끼쳤다. 요하나가 죽은 직후 비스마르크는 자신의 누이에게 솔직한 심정을 담은 편지를 썼는데 거기에서 그는 다음과 같이 언급하고 있다.

"나에게 유일하게 남아 있었던 것은 요하나뿐이었다. 지금 나는 그녀와의 대화, 유쾌한 일상적 대화 등을 떠올리면서 그녀와 함께 보낸 지난 48년을 감사하는 마음으로 회고하고 있다. 그러나 오늘 나를 둘러싼 모든 것들은 황량하고 공허할 뿐이다. (중략) 감정이 격해지지만 나는 어쩔 수가 없다. 다만 나는 요하나의 사랑과 인정에 대해 감사하지 못한 나 자신만을 책망할 뿐이다. 내가 독일 및 유럽의 정치적 상황에 대해 분노하더라도 그녀는 항상 즐거운 얼굴로 나를 대했기 때문에 은퇴 후에도 나는 항상 즐거웠다. 그러나 오늘 신께서 생명을 허락하실 경우 항상 불타고 있기를 바랐던 내 마음속의 불빛은 꺼져 버렸다."

정치 문제에 대한 관심 표명

비스마르크는 퇴임 후에도 오스트리아-헝가리와의 동맹 체제 구축을 옹호했다. 아울러 그는 러시아와의 관계가 지니는 중요성도 강조했다. 1896년 10월 24일 그는 함부르크 신문에 러시아와 맺은 재보장조약의 내용을 언급했는데 그것은 1887년 빌헬름 2세가 러시아와 체결한 재보장조약을 연장하지 않은 것에 대한 불만에서 비롯된 것이었다. 이러한 비스마르크의 행동에 대해 빌헬름 2세는 크게 격노했고 그것은 그로 하여금 비스마르크를 스판다우 요새(Spandauer Festung)에 감금시키려는 생각까지 하게 했다. 비스마르크는 자신이 빌헬름 2세의 새로운 외교 정책을 비판했음에도 불구하고 그의 정책이 평화적 발전에 기여했다는 점을 무시하지는 않았다. 아울러 비스마르크는 군주제를 여전히 신봉했기 때문에 만년에도 유약한 군주를 포함한 모든 군주들에게 경의를 표하는 데 주저하지 않았다. 그러나 그는 자신이 왕권을 너무 강화시켰음을 시인했다. 또한 그는 의회와 언론의 역할에 대해서도 언급했는데 그에 따르면, 의회와 언론은 정부를 교정해 주는 것으로 만족해야 한다는 것이다.

1895년 4월 1일 의회가 자신의 80회 생일에 대한 공식적인 축하문을 거절함에 따라 비스마르크는 의회에 진출한 정당 모두를 신랄히 비판했다. 특히 그는 '범죄자들로 결성된' 사회민주주의 세력을 강력히 비판하며 그들 모두를 국외로 추방시켜야 한다는 과격한 주장을 펼치기도 했다.[73]

건강의 악화

1896년으로 접어들면서 비스마르크는 건강상의 이유로 영접 등의 외부적 행사를 대폭 줄였다. 하지만 이 시기에도 그는 여전히 발언을 자주 했고 발언을 통해 드러난 그의 정치관 및 개인관 역시 이전과 별 차이가 없었다. 1897년 빌헬름 2세는 자신의 할아버지 빌헬름 1세의 탄생 100주년을 기념하기 위한 행사를 펼쳤다. 특히 그는 행사의 일환으로 거행된 브란덴부르크 지방의회에서의 연설에서 독일제국의 건국 과정에서 자신의 할아버지가 주도적인 역할을 담당했음을 강조하면서 나머지 인물들은 단지 빌헬름 1세의 수동적 도구에 불과했다고 폄하했다. 이것은 분명 비스마르크의 역할을 부정하려는 의도에서 비롯된 것이라 할 수 있다.

비스마르크는 1898년 7월 30일 오후 11시 딸 폰 란차우 백작 부인(Gräfin zu Rantzau)이 지켜보는 가운데 임종했다. 노년의 고통이 시작되기 전에 죽음이 그를 해방시켰던 것이다. 북해에서 비스마르크의 사망 소식을 접한 빌헬름 2세는 급히 프리드리히스루에 와서 비스마르크의 장례식에 참석했다.[74] 그는 비스마르크의 가족에게 장례식을 국장으로 하겠다는 의사를 밝혔지만 가족들은 그러한 제의를 정중히 거절했다. 비스마르크의 시신은 그의 희망에 따라 집에서 멀리 떨어지지 않은 장

비스마르크와 요하나의 프리드리히스루로의 이장식(1899).

소에 묻혔다.

비스마르크 정책에 대한 몰이해

빌헬름 2세는 「제국신문」에 정부 및 의회가 만장일치로 정한 비스마르크의 추도 기간 및 그를 추앙하는 자신의 추도문을 발표했다. 거기서 그는 비스마르크가 빌헬름 황제 시기에 이룩했던 업적들을 보존하고 발전시키겠다는 입장을 밝혔다. 그리고 그는 자신의 생각을 저해하는 요소가 있을 경우 무력과 피를 통해 그것들을 제거하겠다는 언급도 했다. 그런데 황제의 이러한 발언이 비스마르크를 잘못 이해하는 데 크게 일조한 것 같다. 또한 비스마르크를 칭송하는 문구들로 장식된 조형물들이 독일 전역에 세워졌음에도 불구하고 독일 정치가들 역시 빌헬름 2세와 마찬가지로 비스마르크를 제대로 이해하지 못했고 그것은 그들이 펼쳤던 정책에서도 확인되었다. 그들은 무력이란 방법으로 상대방을 제압하는 것이 비스마르크의 외교 정책에서 확인되는 특징이라고 믿었던 것이다. 따라서 그들은 빌헬름 2세가 모로코의 아가디르(Agadir)로 군함 '판터(Panther)'를 출항시킨 것 자체가 바로 '비스마르크식 정치'라 생각했던 것이다.[75]

주

1) 비스마르크의 완전한 이름은 오토 에두아르트 레오폴드 폰 비스마르크(Otto Eduard Leopold von Bismarck)이다.
2) 비스마르크 가는 프로이센(Preßen)을 통치했던 호엔촐레른(Hohenzollern) 가문보다 오래된 가문이었다.
3) 페르디난트는 제1차 오스트리아왕위계승전쟁(1740) 이후부터 프로이센이 참여한 모든 전쟁에서 항상 전방을 담당한 가문의 전통을 무시하고 23세의 젊은 나이에 대위(rittmeister)로 예편했다.
4) 빌헬미네의 부친, 아나스타시우스 루드비히 멘켄(A. L. Mencken)은 추밀원 고문관(geheimkabinettsrat)이었으며 당시 진행되었던 개혁, 특히 교회 및 학교 개혁에서 핵심적인 역할을 담당했다.
5) 비스마르크는 어머니 빌헬미네에 대해 다음과 같이 언급했다. "그녀는 아름다웠고 화려함을 사랑했던 여인이었다. 아울러 그녀는 생동감이 넘치는 이해력도 가졌다. 그러나 그녀는 나에게 너무 많은 것을 배우게끔 요구했고 그러한 것은 종종 나에게 가혹하고 냉혹한 것처럼 느껴지곤 했다. 따라서 그 당시 나는 어머니를 종종 미워하곤 했다."
6) 페스탈로치는 교육의 목적을 인간의 자연 본성 개발에 두었기 때문에 그의 교육 원리는 합자연 원리에 기초한 것 같다. 그런데 그가 지향한 자연은 원시적 자연이 아닌 문화를 통해 얻을 수 있는 인간적 자연이었다.
7) 아침 6시부터 시작된 일과를 살펴보면 군사 훈련의 비중이 매우 높았음을 알 수 있다. 따라서 많은 학생들의 몸에서는 길게 부어오른 피멍(striemen) 등이 쉽게 확인되었다.
8) 그라우 수도원 부설 인문계 고등학교는 베를린에서 가장 오래된 명문 고등학교였다.
9) 비스마르크는 폴란드어와 덴마크어도 어느 정도 이해했다.
10) 이러한 비스마르크의 재능에 대해 그의 학교 친구였던 브란켄부르크(Blankenburg) 역시 다음과 같이 인정했다. "비스마르

크는 참 수수께끼 같은 인물이다. 나는 그가 공부하는 것을
거의 보지 못했지만 그는 모든 것에 대해 해박할 뿐만 아니라
자신에게 부여된 과제들도 기간 내에 제출했다.”

11) 괴팅겐 대학을 선택한 것은 비스마르크가 아니라 그의 어머
니 빌헬미네였다. 입학 당시 비스마르크의 신장은 당시로서
는 매우 거구라 할 수 있는 1.92미터였다.

12) 대학에 입학한 직후 비스마르크 역시 대학생조합(burschen-
schaft)에 대해 관심을 표명했다. 그러나 그는 이러한 단체에
가입할 경우 판사, 관료 그리고 외교관으로서의 활동을 포기
해야 한다는 사실을 인지했기 때문에 대학생조합에 가입하는
것을 포기했다.

13) 아울러 비스마르크는 자신이 물려받은 상속 재산에 포함된
부채를 빠른 시일 내에 청산했기 때문에 2,200모르겐(1모르겐
은 두 필의 소가 오전 중에 경작할 수 있는 넓이로 오늘날의
2에이커 정도의 면적이다)에 달하는 장원을 소유할 수 있었는
데 그 안에는 저택, 마구간, 곡물 창고(schuenen), 화주 양조장
(brennerei), 대장간, 그리고 오두막 등이 있었다. 또한 그는 44
명의 소작농을 거느렸다.

14) 이 시기에 비스마르크는 자신의 생활을 다음과 같이 표현했
다. “결혼도 하지 않고 고독하게 보내고 있는 나의 나이는 벌
써 20대 후반에 접어들었다. 비록 나 자신이 육체적으로는 건
강하지만 정신적으로는 매우 감수성이 결여된 것 같다. 또한
나는 시계처럼, 특별한 희망이나 두려움 없이 매우 권태로운
상태에서 근근이 생명을 유지하는 것 같다.”

15) 이 당시 비스마르크는 마리 폰 타텐이 결혼했음에도 불구하
고 그녀에 대해 깊은 연민의 정을 가지고 있었다. 따라서 비
스마르크는 마리 폰 타텐이 살아 있는 동안 다른 여인에게 눈
을 돌릴 수가 없었다. 그러나 마리 폰 타텐의 갑작스러운 죽
음은 비스마르크로 하여금 그동안 적극성을 보이지 않았던
요하나에 대해 관심을 가지게 했다.

16) 이 당시 비스마르크는 헌법을 인위적으로 제정해서는 안 된
다는 입장을 피력했다.

17) 그 일례로 비스마르크는 국왕 및 귀족 계층의 봉건적 권한을
방어해야 한다는 관점을 피력했다.

18) 메테르니히는 자신의 정책을 지지하던 하르덴베르크(Har-
denberg)와의 합의를 구체화시키기 위해 1819년 8월 6일 보헤
미아의 휴양 도시인 카를스바트에서 연방의회를 개최했다.
메테르니히의 주도로 진행된 이 회담에서는 진보적 시민 계
층의 성장에 제동을 거는 방법들, 즉 대학에 대한 국가의 엄
격한 감독, 출판물에 대한 검열, 혁명적 소요에 대한 철저한
조사 등이 결의되었다.

19) 1848년 2월 22일 파리에서는 정부의 실정을 비난하는 정치
개선 촉진회가 공화주의자 및 사회주의자들의 주도로 개최되
었지만 정부의 신속한 개입으로 집회는 무산되었다. 이에 집
회에 참여한 사람들은 거리에 나서게 되었고 그것은 2월혁명
발발의 직접적인 요인이 되었다.

20) 프리드리히 빌헬름 4세는 1840년 프로이센의 국왕으로 등극
했다. 이후 그는 이전의 군주들과 마찬가지로 절대왕정 체제
의 근간을 유지하려는 노력을 펼쳤다.

21) 쾰른(Köln)출신의 캄프하우젠(L. Campfhausen)이 신내각의 수
상으로 임명되었다.

22) 카를 왕자는 왕실 내에서 최대의 모사꾼으로 간주되었다.

23) 작센-바이마르 대공(Großherzog von Sachsen-Weimar)의 딸이
었던 아우구스타는 1829년 빌헬름 왕자와 결혼했다.

24) 이 당시 프리드리히 빌헬름은 17세의 미성년자였다.

25) 이후부터 아우구스타는 남은 평생 동안 비스마르크를 용서
하지 않았다. 비스마르크가 1862년 프로이센의 수상으로 임
명되었을 때 프리드리히 빌헬름은 자신의 일기장에서 어머니
가 비스마르크를 불구대천의 원수(todfeind)로 간주하고 있다
는 것을 거론했는데 이것이 그 일례라 하겠다.

26) 비스마르크가 양 의회에 진출하지 못한 것은 그의 정치적 성
향, 즉 보수적 성향에서 비롯되었다 하겠다.

27)「십자신문」은 '최적의 담보는 바로 혹평을 가하는 것이다'라
는 원칙을 내세운 극단적 성향의 보수 신문이었다. 그리고 게
를라흐 형제는 이 당시 프로이센의 보수 세력을 주도한 핵심
적 인물이었다.

28) 덴마크의 국왕 크리스티안 1세는 1460년 리펜(Ripen) 조약에

서 슐레스비히와 홀슈타인이 영토적으로 분리될 수 없다는 의미의 'se bliwen tosamende up ewig ungedelt'라는 문구를 삽입하게 하여 두 지방의 일체성을 강조했다. 그리고 이러한 일체성은 3월혁명이 발발하기 직전까지 그대로 유지되었다.

29) 이것이 바로 오스트리아적 대독일주의의 핵심적 내용이라 하겠다.

30) 베를린 정부의 관점에서 볼 때 이러한 내용은 매우 굴욕적이었기 때문에 '올뮈츠 굴욕'이란 명칭이 부가적으로 첨부되기도 했다.

31) 비스마르크보다 5살 연상이었던 툰-호헨슈타인은 비스마르크와는 달리 정통 외교관이었다.

32) 툰-호헨슈타인은 비스마르크가 너무 프로이센의 관심에만 집착하고 있다는 평가를 하기도 했다.

33) 비스마르크는 점차적으로 이러한 군주 밑에서 자신이 재상이 될 수 없다는 것도 파악했다.

34) 1862년부터 러시아 외무장관으로 활동했던 고르차코프는 비스마르크와 자신과의 관계를 '손과 장갑'으로 표현했는데 그것은 양인 사이의 관계가 매우 긴밀했음을 알려 주는 것이라 하겠다. 또한 고르차코프는 비스마르크가 자신의 외교적 문하생이라는 것을 인정했다는 것도 언급했는데 그것 역시 그와 비스마르크 사이의 관계를 예측케 하는 또 하나의 예라 하겠다.

35) 론은 포메른 지방 출신이었다. 그리고 그의 조카는 비스마르크의 학창 시절 친구였던 브란켄부르크였다.

36) 빌헬름 1세는 평상시의 군대 규모를 14만 명에서 19만 명으로 증강시키려고 했다.

37) 이 당시 프로이센은 일반 징집 제도(allgemeine wehrpflicht)를 도입했지만 고정된 신규 징병 규모에 따라 매년 병역 의무를 가진 징집자들의 25퍼센트 정도만이 병역의 의무를 실제로 수행했다.

38) 선거 이전에 보수 세력이 차지한 의석수는 224석이었다.

39) 이 선거에서 보수당의 의석은 더욱 줄어들었다.

40) 이 당시 빌헬름 1세의 부인이었던 아우구스타는 자신의 정적

이었던 비스마르크의 등용을 반대했는데 그것은 그녀가 아직까지 3월혁명 기간 중 비스마르크가 시도했던 모반적 행위를 용서하지 않았기 때문이다.

41) 비스마르크는 1862년 10월 8일 정식 수상 겸 외무장관에 임명되었다.

42) 덴마크와의 전쟁에서 핵심적 역할을 담당했던 비스마르크는 빌헬름 1세로부터 백작(graf) 칭호를 받았다.

43) 1865년 8월 14일에 체결된 가슈타인(Gastein) 협정에 따라 오스트리아는 홀슈타인, 프로이센은 슐레스비히 지방을 차지했다.

44) 이 당시 프로이센군은 빠르게 탄약을 장전할 수 있는 후장총을 가진 반면, 오스트리아군은 위험한 자세에서 총구를 통해 탄약을 장전하는 전장총을 사용하고 있었다.

45) 비스마르크는 오스트리아로부터 영토적 보상을 받지 않았는데 그것은 향후 전개될 프랑스와의 전쟁을 고려했기 때문이다. 이러한 비스마르크의 관점에 대해 빌헬름 1세와 군부의 수뇌부는 동의하지 않았다. 이에 비스마르크는 빌헬름 1세에게 사임 의사를 밝혔고 그것은 빌헬름 1세로 하여금 비스마르크의 관점에 동의하게 하는 결정적인 요인이 되었다.

46) 레오폴드는 호엔촐레른-지그마링겐(Hohenzollern-Sigmaringen) 가문의 수장이었던 안톤(K. Anton)의 아들이었다.

47) 이것을 지칭하여 '엠스전보(Emser Depesche)'라 한다.

48) 이 기간 중에 프랑스의 제정 체제는 붕괴되었고 제3공화정 체제가 도입되었다.

49) 보불전쟁 이후 비스마르크는 공작(fürst) 작위를 부여받았다. 그리고 빌헬름 1세로부터 함부르크 근처의 작센발트(Sach-senwald)를 하사받았다.

50) 따라서 1871년부터 시작된 사법 제도 개혁은 1879년 동엘베 귀족들이 가졌던 재판권의 잔재가 제거된 후 일단락되었다.

51) 총 370명의 의원들 중에서 221명이 비스마르크가 제출한 사회민주주의 탄압법에 동의했다.

52) 일주일 이상 노동을 했거나 또는 일 년에 2,000마르크(mark) 이상의 임금을 받는 노동자들은 반드시 노동재해보험에 가입

하게 했다.

53) 이 당시 비스마르크는 '현재 영역에 독일이 만족한다는 것 (saturiert)'을 누누이 밝혔다.

54) 러시아의 고르차코프, 오스트리아-헝가리의 언드라시, 영국의 디즈레일리(Disraeli) 등이 참여한 이 회의는 7월 1일까지 개최되었다.

55) 또한 여기서는 프랑스와 독일 사이에 전쟁이 발생할 경우 러시아가 중립을 지킨다는 것도 거론되었다.

56) 이 당시 비스마르크는 비밀 조약 체계를 통해 평화에 대한 프리미엄도 보장받을 수 있다는 관점을 가지고 있었다.

57) 그러나 이 재보장조약은 1896년에 공개되었다.

58) 후두암에 걸리기 전에 프리드리히 3세는 군사적인 색채가 강한 프로이센의 정치 체제를 영국식 의회 중심 체제로 변경시켜야 한다는 생각을 가지고 있었고 그것을 실현시키는 데 필요한 방안도 구상했다.

59) 빌헬름 2세의 측근이었던 슈퇴커는 8월 14일 「십자신문」에 기고한 "장작더미 편지(Scheitethaufenbrief)"에서 비스마르크의 즉각적인 해임을 요구했지만 빌헬름 2세는 그것을 거부했다.

60) 헤르베르트는 1886년부터 1890년까지 외무성 차관(staats-sekrtär im auswärtigen amt)으로 활동했다.

61) 빌헬름 왕자는 비스마르크에게 보낸 서신에서 자신이 황제에 즉위할 경우 비스마르크에게 일시적인 어려움이나 불쾌감을 주기보다는 서서히 그의 수족을 제거하는 방법을 쓰겠다고 했다.

62) 프리드리히 2세는 프랑스로부터 유입된 신교도들, 즉 위그노들에게 종교적 관용 정책을 펼쳤고 그들을 활용하여 경제적인 발전도 도모했다. 또한 그는 잘 정비된 관료 조직과 상비군 체제를 바탕으로 오스트리아와 펼친 전쟁(오스트리아왕위계승전쟁)에서 승리하여 섬유 공업이 발달하고 철과 석탄이 풍부한 슐레지엔(Schlesien) 지방을 차지했다.

63) 이 당시 빌헬름 2세는 보수주의자 또는 사회주의자들에 의한 쿠데타로 자신이 황제 직에서 추방될 수 있다는 '퇴위 콤플렉스'를 가지고 있었다.

64) 파업에 참여한 노동자들은 임금 인상 및 초과 수당을 강력히
   요구했다.

65) 이 당시 비스마르크는 군대를 동원하여 광부들의 파업을 중
   단시키려고 했다.

66) 이 당시 빌헬름 2세는 의회와의 협력을 지향했다. 따라서 그
   는 사회민주주의 탄압법을 폐지하려는 의회의 관점이 자신의
   견해와 일치한다는 것을 부각시키는 데 주저하지 않았다.

67) 빌헬름 2세는 자신의 정책에 대한 대중적인 지지도에 대해
   지나칠 정도의 관심을 보이고 있었다.

68) 이들이 차지한 득표율은 19.7퍼센트에 달했다.

69) 비스마르크와 황제 사이의 대외 정책적 대립은 오스트리아-헝
   가리에 대한 평가도 변형시켰는데 그것은 러시아에 대한 선제공
   격의 필요성을 강조한 황제의 입장에서 비롯된 것 같다. 그러나
   빌헬름 2세는 자신의 독자적인 외교 정책을 가지지는 못했다.
   따라서 그는 다각적인 측면에서 정책을 분석하는 대신에 순간적
   이고 즉흥적인 판단을 통해 외교 정책을 결정하는 실수를 범하
   곤 했다.

70) 1890년 4월 3일 프란츠 요제프 1세에게 보낸 편지에서 빌헬
   름 2세는 자신이 비스마르크를 해임시킨 이유를 언급했다. 그
   에 따르면, 비스마르크가 제국의 모든 사안들을 독단적으로
   처리했을 뿐만 아니라 황제인 자신과도 그것들에 대해 논의
   한 적이 전혀 없었다는 것이다.

71) 코타 출판사는 모두 6권으로 구성된 비스마르크의 판권 사용
   료로 60만 제국마르크를 제시했다.

72) 부허는 1848년 프로이센 지방의회 의원으로 활동했다. 그러
   나 그는 자신의 좌파적 성향 때문에 영국에서 망명 생활을 해
   야만 했다. 그의 망명 생활은 1861년까지 지속되었다. 그러다
   가 그는 1864년부터 프로이센 외무성에서 근무했고 이 시기
   부터 비스마르크를 보좌하기 시작했다.

73) 아울러 비스마르크는 관료주의 역시 신랄히 비판하면서 관
   리의 수를 늘리는 것에 반대하기도 했다. 그것은 그들이 자신
   들을 도와줄 사람들이 없을 경우에만 일을 한다는 관료적 속

성을 그가 잘 알고 있었기 때문이다. 또한 그는 생산수단을
가진 계층의 결속이 반드시 필요하다는 입장을 밝혔으며, 정
당정치의 시대 역시 끝났다는 관점도 피력했다.

74) 1897년 12월 16일 빌헬름 2세는 비스마르크가 머무르고 있
었던 프리드리히스루를 다시 방문했다. 그리고 양인 사이의
앙금은 완전히 해소되지 못했다. 이것은 비스마르크가 죽기
직전 자신의 딸에게 언급한 것에서 확인할 수 있는데, 빌헬름
2세는 여전히 어리석은 젊은이에 불과했다는 것이다. 같은 관
점의 견해가 빌헬름 2세의 숙부였던 에드워드 7세(Edward VII)
로부터도 나왔다. 즉 그는 빌헬름 2세를 역사 속에서 확인되
는 '가장 훌륭한 실패자'라 했다.

75) 모로코는 19세기 말엽부터 프랑스의 영향 하에 있었다. 그런
데 20세기에 접어들면서 독일은 모로코에 대한 프랑스의 우
위권을 인정하지 않으려고 했다. 그것은 독일이 모로코에 대
해 관심을 가졌다기보다는 모로코를, 다른 지역에서 충족시
키지 못한 자국의 이익을 채워 줄 수 있는 보상 지역으로 간
주했기 때문이다. 더욱이 프랑스가 모로코의 주권과 영토 보
존을 확인한 마드리드 조약을 위반함에 따라 독일은 프랑스
에 대해 강한 적대감을 표시했다. 따라서 1905년 빌헬름 2세
는 직접 모로코를 방문하여 프랑스를 비난하는 연설을 하기
도 했다. 또한 1911년 모로코에서 내란이 발생한 후 프랑스가
모로코의 도시 페스(Fez)를 합병함에 따라 그것에 대한 항의
표시로 독일은 아가디르 항에 군함 판터를 파견했다.

<h1>참고문헌</h1>

Ernst Engelberg, *Bismarck: Urpreuße und Reichsgründer*, Siedler Verlag, 1985.

Erich van Eyck, *Bismarck und das deutsche Reich*, Wilhelm Heyne Verlag, 1990.

Manfred Görtemaker, *Geschichte Europas 1850~1918*, Kohlham-mer, 2002.

Horst Kohl, *Otto von Bismarck: Gedanken und Erinnerungen*(I, II, III), Mundus Verlag, 2000.

Wilhelm Mommsen, *Bismarck*, Rowohlt, 1966.

Wolfgang Neugebauer, *Die Hohenzollern*, Kohlhammer, 2007.

Rainer F.Schmidt, *Otto von Bismarck*, Kohlhammer, 2004.

Wilhelm von Sternburg, *Die deutschen Kanzler*, Aufbau Verlags-gruppe, 2007.

Michael Stürmer, *Bismarck*, Piper, 1987.

A. J. P. Taylor, *Bismarck: Mensch und Staatsmann*, R. Piper & Co. Verlag, 1981.

Volker Ullrich, *Die nervöse Großmacht 1871~1918*, Fischer Taschenbuch Verlag, 2007.

Martin Vogt, *Deutsche Geschichte*, Fischer Taschenbuch Verlag, 2006.

Hans-Ulrich Wehler, *Bismarck und der Imperialismus*, Suhrkamp, 1984.

* 근대 독일사를 취급한 저서들은 비스마르크의 활동 및 업적을 비교적 비중 있게 취급하고 있다.

프랑스엔 〈크세주〉, 일본엔 〈이와나미 문고〉,
한국에는 〈살림지식총서〉가 있습니다.

📑 전자책 | 🔍 큰글자 | 🔊 오디오북

비스마르크
독일제국을 탄생시킨 현실정치가

펴낸날	초판 1쇄 2009년 3월 25일
	초판 4쇄 2022년 3월 18일
지은이	김장수
펴낸이	심만수
펴낸곳	(주)살림출판사
출판등록	1989년 11월 1일 제9-210호
주소	경기도 파주시 광인사길 30
전화	031-955-1350　팩스 031-624-1356
홈페이지	http://www.sallimbooks.com
이메일	book@sallimbooks.com
ISBN	978-89-522-1115-6　04080
	978-89-522-0096-9　04080 (세트)

※ 값은 뒤표지에 있습니다.
※ 잘못 만들어진 책은 구입하신 서점에서 바꾸어 드립니다.

089 커피 이야기

eBook

김성윤(조선일보 기자)

커피는 일상을 영위하는 데 꼭 필요한 현대인의 생필품이 되어 버렸다. 중독성 있는 향, 마실수록 감미로운 쓴맛, 각성효과, 마음의 평화까지 제공하는 커피. 이 책에서 저자는 커피의 발견에 얽힌 이야기를 통해 그 기원을 설명한다. 커피의 문화사뿐만 아니라 커피에 대한 일반적인 정보 및 오해에 대해서도 쉽고 재미있게 소개한다.

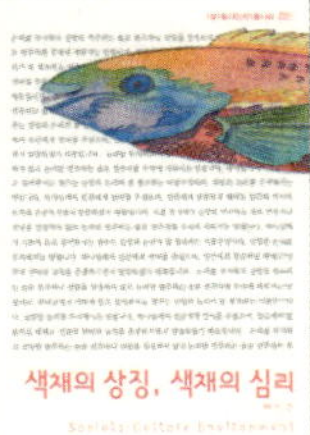

021 색채의 상징, 색채의 심리

박영수(테마역사문화연구원 원장)

색채의 상징을 과학적으로 설명한 책. 색채의 이면에 숨어 있는 과학적 원리를 깨우쳐 주고 색채가 인간의 심리에 어떤 작용을 하는지를 여러 가지 분야의 사례를 통해 설명한다. 저자는 색에는 나름대로의 독특한 상징이 숨어 있으며, 성격에 따라 선호하는 색채도 다르다고 말한다.

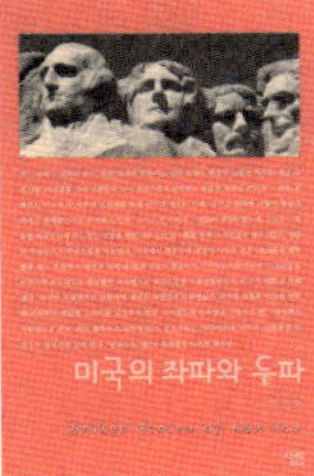

001 미국의 좌파와 우파

eBook

이주영(건국대 사학과 명예교수)

진보와 보수 세력의 변천사를 통해 미국의 정치와 사회 그리고 문화가 어떻게 형성되고 변해왔는지를 추적한 책. 건국 초기의 자유방임주의가 경제위기의 상황에서 진보-좌파 세력의 득세로 이어진 과정, 민주당과 공화당의 대립과 갈등, '제2의 미국혁명'으로 일컬어지는 극우파의 성장 배경 등이 자연스럽게 서술된다.

002 미국의 정체성 10가지 코드로 미국을 말하다

eBook

김형인(한국외대 연구교수)

개인주의, 자유의 예찬, 평등주의, 법치주의, 다문화주의, 청교도 정신, 개척 정신, 실용주의, 과학 · 기술에 대한 신뢰, 미래지향성과 직설적 표현 등 10가지 코드를 통해 미국인의 정체성과 신념을 추적한 책. 미국인의 가치관과 정신이 어떠한 과정을 통해서 형성되고 변천되어 왔는지를 보여 준다.

058 중국의 문화코드

강진석(한국외대 연구교수)

중국의 핵심적인 문화코드를 통해 중국인의 과거와 현재, 문명의 형성 배경과 다양한 문화 양상을 조명한 책. 이 책은 중국인의 대표적인 기질이 어떠한 역사적 맥락에서 형성되었는지 주목한다. 또한, 구체적이고 실제적인 여러 사물과 사례를 중심으로 중국인의 사유방식에 대해 설명해 주고 있다.

057 중국의 정체성

eBook

강준영(한국외대 중국어과 교수)

중국, 중국인을 우리는 과연 어떻게 이해해야 하나? 우리 겨레의 역사와 직·간접적으로 끊임없이 영향을 주고받은 중국, 그러면서도 아직까지 그들의 속내를 자신 있게 말할 수 없는, 한편으로는 신비스럽고, 한편으로는 종잡을 수 없는 중국인에 대한 정체성을 명쾌하게 정리한 책.

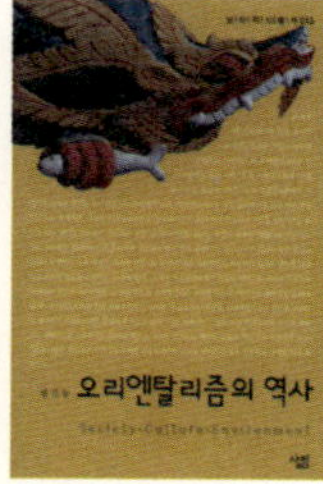

015 오리엔탈리즘의 역사

eBook

정진농(부산대 영문과 교수)

동양인에 대한 서양인의 오만한 사고와 의식에 준엄한 항의를 했던 에드워드 사이드의 오리엔탈리즘. 이 책은 에드워드 사이드의 이론 해설에 머무르지 않고 진정한 오리엔탈리즘의 출발점과 그 과정, 그리고 현재와 미래의 조망까지 아우른다. 또한 오리엔탈리즘이 사이드가 발굴해 낸 새로운 개념이 결코 아님을 역설한다.

186 일본의 정체성

eBook

김필동(세명대 일어일문학과 교수)

일본인의 의식세계와 오늘의 일본을 만든 정신과 문화 등을 소개한 책. 일본인을 지배하는 이데올로기는 무엇이고 어떤 특징을 가지는지, 일본을 주목해야 하는 이유는 무엇인지 등이 서술된다. 일본인 행동양식의 특징과 토착적인 사상, 일본사회의 문화적 전통의 실체에 대한 분석을 통해 일본의 정체성을 체계적으로 살펴보고 있다.

261 노블레스 오블리주 세상을 비추는 기부의 역사

예종석(한양대 경영학과 교수)

프랑스어로 '높은 사회적 신분에 상응하는 도덕적 의무'를 뜻하는 노블레스 오블리주. 고대 그리스부터 현대까지 이어지고 있는 노블레스 오블리주의 역사 및 미국과 우리나라의 기부 문화를 살펴보고, 새로운 시대정신으로 노블레스 오블리주를 부활시킬 수 있는 가능성을 모색해 본다.

396 치명적인 금융위기, 왜 유독 대한민국인가 eBook

오형규(한국경제신문 논설위원)

이 책은 전 세계적인 금융 리스크의 증가 현상을 살펴보는 동시에 유달리 위기에 취약한 대한민국 경제의 문제를 진단한다. 금융안정망 구축 방안과 같은 실용적인 경제정책에서부터 개개인이 기억해야 할 대비법까지 제시해 주는 이 책을 통해 현대사회의 뉴노멀이 되어 버린 금융위기에서 살아남는 방법을 확인해 보자.

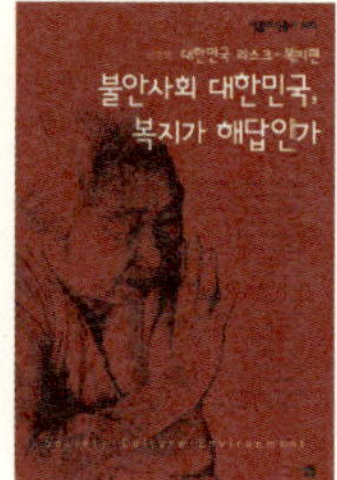

400 불안사회 대한민국, 복지가 해답인가 eBook

신광영 (중앙대 사회학과 교수)

대한민국 사회의 미래를 위해서 복지는 선택이 아니라 필수라고 말하는 책. 이를 위해 경제 위기, 사회해체, 저출산 고령화, 공동체 붕괴 등 불안사회 대한민국이 안고 있는 수많은 리스크를 진단한다. 저자는 사회적 위험에 대응하기 위한 복지 제도야말로 국민 모두의 삶의 질을 높일 수 있는 길이라는 것을 역설한다.

380 기후변화 이야기 eBook

이유진(녹색연합 기후에너지 정책위원)

이 책은 기후변화라는 위기의 시대를 살면서 우리가 알아야 할 기본지식을 소개한다. 저자는 기후변화와 관련된 핵심 쟁점들을 모두 정리하는 동시에 우리가 행동해야 할 실천적인 대안을 제시한다. 이를 통해 독자들은 기후변화 시대를 사는 우리가 무엇을 해야 할 것인지에 대하여 생각해 볼 수 있을 것이다.

eBook 표시가 되어있는 도서는 전자책으로 구매가 가능합니다.

(주)살림출판사
www.sallimbooks.com
주소 경기도 파주시 문발동 522-1 | 전화 031-955-1350 | 팩스 031-955-1355